EL NIÑO Y SU MUNDO

EL NIÑO Y SU MUNDO

Educar niños felices y obedientes con disciplina positiva

Estrategias para una paternidad responsable

Virginia K. Stowe

en colaboración con Andrea Thompson

ONIRO

Título original: *Tired of Nagging? 30 days to positive parenting*
Publicado en inglés por Bantam Books, USA

Traducción de Joan Carles Guix

Diseño de cubierta: Víctor Viano

Distribución exclusiva:
Ediciones Paidós Ibérica, S.A.
Mariano Cubí 92 – 08021 Barcelona – España
Editorial Paidós, S.A.I.C.F.
Defensa 599 – 1065 Buenos Aires – Argentina
Editorial Paidós Mexicana, S.A.
Rubén Darío 118, col. Moderna – 03510 México D.F. – México

© 1999 exclusivo de todas las ediciones en lengua española:
Ediciones Oniro, S.A.
Muntaner 261, 3.º 2.ª – 08021 Barcelona – España
(e-mail:oniro@ncsa.es)

ISBN: 84-89920-84-2
Depósito legal: B-6.060-2001

Impreso en Hurope, S.L.
Lima, 3 bis – 08030 Barcelona

Impreso en España – *Printed in Spain*

A las madres y los padres con quienes he trabajado..., que educan a sus hijos con una actitud comprometida, con reflexión, humor y, al mismo tiempo, una firme voluntad, por su parte, de evolucionar y aprender.

A Douglas Brinton Stowe y Emily Augusta Thompson..., dos personas extraordinarias que han aportado más alegría y añadido más profundidad a nuestra vida de lo que jamás podrían imaginar.

ÍNDICE

Cuando su hijo de 4 a 5 años...

Agradecimientos

Primero y ante todo quiero dar las gracias a los innumerables padres y madres que han participado en mis talleres y grupos a lo largo de los años. Agradezco la oportunidad de haber podido trabajar con ellos y lo muchísimo que me han ayudado a comprender los desafíos, las dificultades y las satisfacciones de la paternidad de hoy en día. Estas historias y experiencias de los padres, cuyos nombres y otras características identificativas se han cambiado para preservar su intimidad, constituyen el corazón y el alma de este libro.

He tenido la fortuna de conocer y aprender de personas cultas y generosas, y muy especialmente de la doctora Carol Hartman, mi supervisora en el Intensive Nursing After-Care Project, fundado por el National Institute of Health, bajo los auspicios de la Escuela de Medicina de Harvard, en el Massachusetts Mental Health Center, lo que me permitió establecer mis primeros contactos profesionales con padres e hijos; la doctora Nina Lief, directora clínica del Early Childhood Development Center, en el Colegio de Medicina de Nueva York, cuya visión sobre el crecimiento de los niños y los cambios que se producen durante los tres primeros años de su vida dieron forma a mis propias ideas sobre técnicas de paternidad eficaces; el doctor Edwin Church, mi amigo y colega, que me ayudó a que este libro llegase a ser una realidad, sugiriéndome, en todo momento, algo interesante y útil que decir.

También doy las gracias a la Universidad de Pennsylvania Graduate School of Nursing and Psychiatry, en la que estudié, sobre todo por su énfasis en el desarrollo normal del niño y el cuidado preventivo de la salud mental, que constituye la base tanto de lo que he practicado como de lo que he fomentado.

Mi mayor gratitud para Amy Berkower y Karen Solem, de Writers House, a las que les gustó el libro desde el principio y que me ofrecieron valiosas sugerencias para mejorar su presentación, así como para mi editora, Beth de Guzmán, cuyo entusiasmo ha sido estimulante e indispensable.

Gracias a varios y buenos amigos: Barbara Wolf, Ronnie Jankoff y Mary Cohen, que me facilitaron excelentes ejemplos de la vida real de problemas paternofiliales y que me ayudaron a concretar el título; y Lovejoy Duryea, que me animó a sentarme y a empezar a escribir.

Por último, gracias también a mi esposo, Rick, por haber soportado pacientemente una mesa del comedor medio llena de papeles y notas durante los innumerables meses de gestación de *Educar niños felices y obedientes con disciplina positiva*.

¿ESTÁ HARTO
DE QUE LE DEN LA LATA?

Introducción

Un niño de 18 meses al que generalmente le gusta salir de paseo, de repente se niega rotundamente a subir al cochecito. Mamá se ve obligada a forcejear con él para montarlo, entre gritos, patadas y arqueamientos de espalda.

Un niño de 2 años se niega a cogerse de la mano de papá cuando pasean por el parque. Papá reacciona aferrándolo más fuerte si cabe. Pero tan pronto como afloja la sujeción, el pequeño se suelta, sale disparado y corre alegremente mientras el frenético padre se lanza a la carga.

Un niño de 3 años ha pedido espaguetis y varitas de pescado para cenar: no se lo comerá.

Un niño de 5 años piensa que sus padres son «unos idiotas rematados» y así se lo hace saber.

¿Hay algo que le resulte familiar? ¿Ha pasado por esa experiencia? ¡los niños en edad preescolar son maravillosos: verdaderos seres humanos en miniatura! Mientras les vemos crecer, desde menudos recién nacidos hasta unos jovencitos que se encaminan hacia su primer día de guardería, nos tienen encandilados; son una delicia. Pero también son capaces de ponernos como un basilisco con la misma facilidad. ¿Por qué cuesta tanto conseguir que hagan todas estas sencillas cosas que deben hacer? ¿Por qué tenemos que enzarzarnos en un sinfín de tiras y aflojas durante todo el día? ¿Qué más quieren de nosotros?

Sé perfectamente lo que desea, porque es lo que desean todos los padres: que su hijo se comporte de un modo que le permita seguir avanzando, con equilibrio, hacia lo que será su vida futura. Quiere que aprenda a hablar, a vestirse solo, a compartir sus juguetes, a jugar apaciblemente con los demás niños, a usar el lavabo, a no correr por la calle, a aceptar lo que debe hacer, a superar las dificultades y a eludir lo que parece perjudicial para él. Y con el tiempo, a hacer sus deberes, a ser responsable consigo mismo y con los demás, a marcharse de casa, a encontrar trabajo, a casarse. En una palabra, lo que usted desea es que se convierta en un sujeto independiente.

Pues bien, veamos ahora lo que quiere su hijo: ¡exactamente las mismas cosas! Desea estar en línea, en consonancia con su propia vida. Es decir, ser independiente.

Teniendo en cuenta que tanto usted como su vástago comparten el mismo objetivo, ser padre debería de ser una tarea fácil. Pero como bien sabe, a menudo es sumamente complejo.

LO QUE HACE SU HIJO Y USTED NO PUEDE SOPORTAR; LO QUE HACE USTED Y SU HIJO NO PUEDE SOPORTAR

Hasta los 5 años, el crecimiento es vertiginoso. En estas edades, su pequeño está aprendiendo —además de andar, hablar, comer y los hábitos básicos de higiene— que algunas cosas son seguras y otras peligrosas, que mamá y papá son perfectos y, más tarde, que mamá y papá no son perfectos, que existen otros niños en el mundo, que unas veces son divertidos y otras odiosos, que no sabe cómo hacer un montón de cosas que querría hacer, etc.

En ocasiones, todo esto hace que se enfade, que se sienta frustrado, que tenga miedo, que se sienta exhausto, que se muestre impetuoso o, de algún modo, preocupado por su forma de vida actual. A menudo, estos sentimientos le llevan a quejarse por todo, a tomarse las cosas con una extremada parsimonia, a pegar por cualquier motivo, a responder «no» sistemáticamente y a tener malas pulgas, entre otras reacciones desagradables, casi siempre hacia usted. Son conductas naturales, sin el menor atisbo de maldad en ellas. Es así como el niño intenta conseguir lo que quiere o necesita.

Ni que decir tiene que también son los tipos de comportamiento que le sacan de sus casillas y que hacen que la mayor parte del tiempo que pasa con su hijo no sea lo agradable que usted desearía, la clase de conductas que le obligan a actuar de un modo que no le satisface en lo más mínimo y que preferiría evitar: estar constantemente encima de él, convertirse en un policía y dictarle órdenes, gritarle y, las más de las veces, acabar perdiendo los papeles.

DEMOCRACIA EN EL TRABAJO

Está única y exclusivamente en su mano eliminar una buena parte de los lloriqueos, parsimonias, exigencias, controles innecesarios y gritos que interfieren en la alegría y la dicha que experimenta por el hecho de ser padre, y que hacen que el camino de su hijo hacia la independencia sea más rebelde y quizá menos satisfactorio de lo que debería ser.

Este libro le enseñará precisamente cómo debe actuar para que esta aventura sea más agradable. Se trata, en realidad, de una especie de educación democrática del niño.

Cuando se muestra completamente permisivo, es decir, cuando cede ante todas las demandas o berrinches de su hijo, le está entregando en bandeja el poder —es él quien manda y quien tiene la última palabra—, mientras que si hace gala de una abrumadora autoridad, es usted quien decide y quien conserva todo el poder.

Pues bien, en nuestro sistema democrático, usted comparte el poder con su hijo. Unas veces, se empeña en que el niño se comporte de un modo determinado, aunque no esté motivado para ello o le resulte difícil de hacer, y otras, aplaude —casi venera, por así decirlo— sus deseos o exigencias.

TREINTA HERRAMIENTAS FUNDAMENTALES EN EL EJERCICIO DE LA PATERNIDAD

El verdadero objetivo de este libro consiste en aprender a compartir el poder.

En primer lugar, debe comprender que su hijo pasa por diferentes etapas durante la infancia y que va a experimentar un sinfín de cambios en el transcurso de los próximos cinco años. Adapte sus expectativas a las capacidades y necesidades del pequeño y habrá dado un paso decisivo para reducir los conflictos. En la siguiente sección, le ofrecemos una visión general rápida y sencilla de estas «edades y etapas» que se desarrollan desde el nacimiento hasta los 5 años.

En segundo lugar, acostúmbrese a utilizar herramientas de paternidad que funcionen; eso constituye el centro de atención de la parte central de la presente obra. Si así lo desea, puede llamarlas técnicas o consejos, aunque personalmente me inclino por la idea de «herramientas», ya que sugiere algo robusto, útil, práctico y resistente al desgaste.

Existen treinta herramientas y todas ellas describen formas con las que puede alterar su enfoque para fomentar en su hijo los comportamientos que pretende imbuirle. Algunas apuntan pequeños cambios en su forma de observar al niño. Es muy probable que la causa de su conducta resida en el modo en que usted le ve, le considera y le valora. Otras, en cambio, sugieren cambios en la forma de decirle las cosas o de pasar el tiempo juntos.

Voy a darle algunos ejemplos de aplicación de dichas herramientas, utilizando los tipos de comportamiento infantil más habituales —en cada edad— que suelen exasperarle. También le daré pequeños consejos que sugieren soluciones. Es posible que, en la mayoría de los casos, emplee dos, tres, cuatro o cinco herramientas. Lógicamente, sus interacciones con el niño en la vida real no tienen por qué ajustarse literalmente a las pautas de estos casos prácticos, pero si adapta los enfoques a cada situación, le sorprenderá descubrir la frecuencia con la que consigue los resultados que andaba buscando.

HAGA DE ESTE LIBRO
SU COMPAÑERO DE VIAJE

Lleve consigo *Educar niños felices y obedientes con disciplina positiva* cuando prevea encerrarse en el cuarto de baño un mínimo de quince minutos. Lea un par de páginas mientras espera el autobús. Dedique un cuarto de hora al día a comprobar la eficacia de algunas de las ideas que se exponen en el libro. Considérelo, si lo prefiere, como un cursillo de treinta días de remodelación de la paternidad, reservando unos minutos, cada día durante todo el mes, a leer, reflexionar o poner en práctica una de las treinta herramientas.

Es probable que tenga un estante repleto de manuales de crecimiento y educación infantil, unos volúmenes de considerable tamaño que analizan y explican todos los aspectos del desarrollo de su hijo. También tienen su sitio. Utilícelos a modo de enciclopedias, como bibliografía de referencia, pero considere el presente libro como su compañero de viaje.

He procurado que sea fácil de leer y de comprender, pues he aprendido de los innumerables padres y madres con los que he trabajado a lo largo de mis veinticinco años de educador paternofilial que, con demasiada frecuencia, se sienten abrumados por la teoría y el análisis de los «expertos». Quiero que ésta sea una sencilla guía de bolsillo que se limite a detectar lo que tal vez esté siendo la fuente de un excesivo combate con su hijo y lo que quizá debería modificar para zanjar algunos de sus problemas.

Cuando los padres empiezan a emplear estas herramientas, se dan cuenta de hasta qué punto aumenta el grado de diversión con sus pequeños. Dejan de forcejear inútilmente con ellos, incluso en las etapas más difíciles y pertinaces de su desarrollo, y el tono familiar general alcanza un estadio en el que todos se sienten más felices y donde reina un espíritu más sosegado y de mayor cooperación en el ambiente.

Pruébelo y verá.

Capítulo 2

EDADES Y ETAPAS CONDUCTUALES

Breve resumen de lo que sucede con su hijo desde los 6 meses hasta los 5 años

Si espera que su hijo lleve su plato al fregadero después de cenar y lo enjuague, y no lo hace, se siente molesto e inclinado a reprenderle.

Pero si no espera ese comportamiento, porque es consciente que aún no es lo bastante alto como para llegar al fregadero y todavía no ha aprendido a abrir y cerrar el grifo, ni le molesta ni le pasa por la cabeza reprenderle por no haber hecho algo que no le corresponde hacer.

La mejor manera de reducir las frustraciones —por ambas partes: suyas y del niño— y las reprimendas que con frecuencia suelen derivarse de ellas consiste en mantener sus expectativas sobre la conducta de su hijo en línea con sus capacidades y necesidades. Unas veces es fácil: se da perfecta cuenta de que es demasiado bajo para hacer esto o lo otro. Pero otras, saber lo que se puede y lo que no se puede esperar del pequeño a medida que va creciendo constituye una tarea francamente compleja; sus capacidades o necesidades cambian constantemente y no siempre resultan tan evidentes.

En este capítulo, encontrará un breve resumen de los comportamientos, necesidades y logros típicos del niño hasta los 5 años. Considérelo una especie de mapa de carreteras en el que su hijo está presente en diversas áreas de desarrollo, un mapa que debería serle útil para imaginar por qué hace lo que hace. Ni que decir tiene que cada niño crece a su manera, a su ritmo, y que no todos coincidirán al cien por cien con las características que se relacionan a continuación respecto a cada grupo de edad.

DE 6 MESES A 1 AÑO

Lenguaje[1]

✍ Llora cuando está enfadado, cansado, mojado o aburrido (el llanto es el primer lenguaje del bebé).
✍ Balbucea (a-a, ga-ga, da-da).
✍ Emite sonidos monosílabos (da, ba, ca, ma).
✍ Mira a quien le habla.
✍ Comprende entre ocho y catorce palabras al final del primer año (mamá, papá, adiós, zapato, pelota, pastel, leche, nombres de animales de compañía).
✍ Dice mamá, papá, ella (botella), che (coche).

Aprendizaje

✍ Presta atención durante unos cinco minutos; exige cambiar de actividad aproximadamente cada diez minutos.
✍ Carece del sentido de la permanencia (saber que algo o alguien existe aunque no lo tenga a la vista) hasta 1 año.

Aspectos sociopsicológicos

✍ Entre los 6 y 8 meses experimenta ansiedad cuando se le separa de quien le cuida.

✍ Entre los 6 y 8 meses experimenta ansiedad en presencia de un desconocido.

✍ Desarrolla un sentido de seguridad o confianza (logro principal).[2]

Aspectos físicos

✍ Entre los 5 y 6 meses empieza a alcanzar y coger objetos.

✍ A los 6 meses se incorpora hasta sentarse.

✍ Rueda por el suelo en cualquier dirección.

✍ Por lo general, gatea a cuatro patas.

✍ A los 12 meses se pone de pie.

✍ Se sienta bien al término del primer año.

✍ Hacia finales del primer año es capaz de dar la vuelta a los juguetes y de activar algunos objetos pulsando botones.

✍ Se desplaza (sujetándose a los muebles para no caerse).

✍ Al término del primer año anda independientemente.

✍ Imita algunas acciones, como saludar.

✍ Coge objetos pequeños con el pulgar y el índice, a modo de pinzas.

Autoayuda

✍ Sujeta el biberón.

✍ Al término del primer año puede sujetar una cuchara, aunque necesita ayuda para usarla.

✍ No controla los esfínteres (orina e intestinos).

DE 1 AÑO A 18 MESES

Lenguaje

✍ A los 18 meses puede ser capaz de decir entre diez y veinte palabras, comprendiendo muchas más.

✍ Experimenta una gran frustración —que en ocasiones acaba en rabieta— al no ser capaz de hacerse comprender.

Aprendizaje

✍ Necesita explorar para desarrollarse intelectualmente (incluyendo los armarios, el cesto de la ropa sucia y los cajones).[3]

✍ No comprende las consecuencias de su comportamiento (situaciones peligrosas, romper algo, etc.).

✍ Presta atención entre diez y quince minutos, no más.

✍ Todavía no entiende o responde prediciblemente al «No».

✍ El tiempo está limitado al presente, al «ahora»; su consciencia del pasado o del futuro es mínima.

Aspectos sociopsicológicos

✍ Los berrinches empiezan alrededor de los 12 o 14 meses y se prolongan, con etapas de mayor y menor incidencia, hasta los 4 años o más tarde.

✍ Entre los 17 y 22 meses puede reaparecer la ansiedad ante la separación.

✍ Si le pegan, tiende a devolver el golpe.

✍ No sabe qué es compartir. Exige atención personal.

Aspectos físicos

✍ Se sostiene en pie, se desplaza sujetándose, da sus primeros pasos solo, trepa: lo coge y lo toca todo.

✍ Abre y cierra tapas de recipientes; coloca bloques de madera o de plástico, cucharas u otros objetos dentro de un bote y los vuelve a sacar.

✍ Le gusta hacer girar objetos abisagrados, tirar y empujar.

✍ Se sienta y empuja un andador con los pies.

✍ Se las arregla con los dedos para comer algunos alimentos.

Autoayuda

🖝 Sostiene un vaso.

🖝 Usa la cuchara sin ayuda, pero lo pone todo perdido si come solo.

🖝 Coopera cuando se le viste.

🖝 No controla los esfínteres (orina e intestinos).

DE 18 MESES A 2 AÑOS

Lenguaje

🖝 Es capaz de hablar o de demostrar que comprende lo que se le dice siguiendo instrucciones y respondiendo a las preguntas.

🖝 Sabe el nombre de casi todo lo que ve a diario.

🖝 Le gusta imitar las palabras. Forma frases de dos palabras.

🖝 Tiene un vocabulario expresivo de cincuenta o más palabras.

🖝 Usa los pronombres indiscriminadamente.

🖝 Escucha con atención y le gustan los cuentos sencillos.

🖝 Es capaz de decir su nombre y sus apellidos.

Aprendizaje

🖝 Identificar objetos que le son familiares.

🖝 Distingue entre «uno» y «muchos».

🖝 Todavía tiene un sentido limitado del tiempo; comprende el significado de «ahora» y «pronto» (muy práctico para aprender a esperar).

🖝 Identifica algunas partes del cuerpo.

🖝 Observa o mira fijamente.

Aspectos sociopsicológicos

🖝 Le gusta controlar a los demás y darles órdenes.

🖝 Aún no comparte sus pertenencias.

✍ Comunica algunos sentimientos y deseos con palabras o gestos.

✍ Ocasionalmente, da prioridad a los deseos de un tercero respecto a los suyos.

✍ Prefiere relacionarse con un solo adulto a la vez.

✍ Todavía no muestra signos de buena educación (interrumpe, no saluda).[4]

✍ Se niega a comer o manifiesta claras preferencias.

✍ La separación le provoca ansiedad.

✍ La rivalidad fraterna es muy intensa.

Aspectos físicos

✍ Camina con fluidez.

✍ Corre, aunque en general le cuesta arrancar o detenerse; salta con torpeza.

✍ A los 2 años se siente confiado para subir y bajar escaleras.

✍ Ha desarrollado totalmente el uso de la mano derecha o izquierda.

✍ Sabe dibujar una V tosca.

✍ Gira las páginas de un libro de una a una.

Autoayuda

✍ Sabe subir y bajar las cremalleras grandes.

✍ Coge y deja algunos juguetes cuando se le pide.

✍ Participa en el baño.

✍ Ayuda a desvestirse.

✍ Verbaliza sus necesidades fisiológicas.

DE 2 A 3 AÑOS

Lenguaje

✍ Su vocabulario crece aunque no lo use.

✍ Hace preguntas.

✍ A los 3 años suele componer tres o cuatro frases.

✍ Se muestra receptivo a las observaciones e ideas orales.

Aprendizaje

✍ Presta atención durante diez o quince minutos.

✍ Aún tiene un sentido limitado del tiempo; comprende el significado de «hoy», «pronto» y «enseguida», y a punto de cumplir los 3 años entiende el significado de «mañana».

✍ Durante la segunda mitad de este año, su deseo de hacerlo todo por sí mismo se intensifica, aunque sus habilidad no son proporcionales a su deseo. Resultado: rabietas y pataleos.

Aspectos sociopsicológicos

✍ Todavía no comparte sus cosas; se halla en la fase de «yo, mi, mío» respecto a todo lo que ve y quiere.[5]

✍ Le gusta estar con otros niños, pero necesita la supervisión de un adulto para evitar empujones, golpes y otras reacciones por el estilo.

✍ A los dos años y medio es muy exigente con quien hace algo y cuándo lo hace.

✍ A los dos años y medio se niega frecuentemente a comer.

✍ Los miedos son habituales durante la última parte de este año, incluyendo el miedo a la oscuridad, a los animales, al agua, a la hora de acostarse.

✍ A veces se acuerda de decir «hola», «adiós», «por favor» y «gracias».[6]

✍ Tiene dificultades con sus hermanos.

Aspectos físicos

- ✍ Trepa, investiga, examina, desmonta cosas —pero le cuesta volver a montarlas—, fisgonea en todas las aberturas.
- ✍ Explora, va de aquí para allá, corre, se oculta (puede soltarse de la mano del adulto y esconderse debajo de un montón de ropa en unos almacenes).
- ✍ Salta con los dos pies a la vez y también alternándolos.
- ✍ Tira y recoge toda clase de objetos.
- ✍ Gira las páginas de un libro de una en una, coge un lápiz o una cuchara, acciona un tirador de puerta.
- ✍ Necesita muchísimo espacio para jugar y la oportunidad de poder crear su propio territorio.

Autoayuda

- ✍ Usa la cuchara y el tenedor para comer, aunque a menudo sigue llenándose la boca de comida.
- ✍ Contiene la orina entre una y dos horas y sus deposiciones son cada vez más regulares; cerca de los 3 años se muestra receptivo a las sugerencias sobre el aseo y la higiene personal.

DE 3 A 3 $^{1}/_{2}$ AÑOS

Lenguaje

- ✍ Conoce alrededor de 900 palabras.
- ✍ Hace un montón de preguntas con «qué» y «por qué».
- ✍ Le interesan los cuentos de animales y las historias situadas en el momento en que vive.

Aprendizaje

✍ Presta atención entre quince y veinte minutos como mínimo.

✍ Al aumentar su capacidad de concentración, ya puede entretenerse con juegos de memoria de tipo Memory.

✍ Cada vez tiene un mayor sentido del tiempo: ayer, hoy, mañana.

✍ Le gusta emular las actividades de los adultos, como jugar a supermercados, a hospitales y a cocinar; construye ciudades, garajes y circuitos de carreras con bloques y otros materiales.

✍ Identifica las formas.

Aspectos sociopsicológicos

✍ Se muestra menos exigente, es más fácil de tratar; mejoran las relaciones con los padres.

✍ Empieza a distinguir entre bien y mal.

✍ Los niños cada vez son más importantes para él; el hecho de tener más capacidades le ayuda a mejorar sus relaciones de amistad.

✍ Empieza a compartir y a comprender el concepto de hacer algo por turnos.

✍ Tiene amigos imaginarios (como compañeros y/o para culparles de lo que ha hecho mal).

✍ Tiene miedos e intenta superarlos contando historias de terror, basadas en la agresión o los desastres.[7]

Aspectos físicos

✍ Aumenta su dominio del cuerpo; corre, camina hacia delante, hacia atrás y lateralmente, chuta una pelota, atrapa una pelota con los brazos extendidos.

✍ Galopa, salta o corre al oír música.

✍ Ha mejorado su coordinación motriz; compone rompecabezas y coge pequeños objetos con facilidad.

✍ Empieza a manejar las tijeras.

✍ Pedalea en triciclo y salva los obstáculos dirigiendo el manillar.

Autoayuda

✍ Utiliza la cuchara y el tenedor.

✍ Sabe desvestirse y, a menudo, también vestirse; aún necesita ayuda para atarse los zapatos y abotonarse.

✍ Controla los intestinos y la vejiga durante el día y va al baño.

DE 3 ¹/₂ A 4 AÑOS

Lenguaje y aprendizaje

✍ A los 4 años conoce unas 1.500 palabras.

✍ Al mejorar la pronunciación le entienden mejor.

✍ Empieza a comprender que las palabras representan sentimientos además de cosas.

✍ Selecciona objetos por su aspecto, uso y tacto.

Aspectos sociopsicológicos

✍ A menudo dice «no», lo que quizá esté relacionado con ansiedad, miedos e indecisión.

✍ Se resiste a las rutinas, como vestirse, bañarse, comer, acostarse, etc.

✍ Comprende mejor la diferencia entre bien y mal.

✍ Su lenguaje ha mejorado y eso le permite reclutar o excluir a otros niños a la hora de jugar.

✍ Hace preguntas sobre el vientre, los genitales y la sexualidad en general; empieza a mirar a los padres cuando están desnudos; quiere ver a otros niños para apreciar diferencias físicas (a esta edad suele empezar a jugar a médicos).

✍ Tiene miedos (oscuridad, animales, caras grotescas, etc.).

Aspectos físicos

✍ Corre con fluidez.

✍ A veces pierde el equilibrio; pierde la coordinación muscular para escribir y construir porque quiere hacer las cosas demasiado deprisa.

✍ Le gusta atrapar y lanzar pelotas.

✍ Salta a la pata coja.

✍ Sabe cortar con unas tijeras.

✍ Los cambios del crecimiento pueden causarle un desequilibrio visual entre los dos ojos o una pérdida de coordinación visual.

Autoayuda

✍ Vuelve a dar problemas a la hora de comer.

✍ Suele estar seco durante el día y durante muchas noches; las situaciones de estrés pueden provocarle una involución y volver a orinarse, aunque esa tendencia no acostumbra durar más de un mes.

✍ Se viste solo, salvo atarse los zapatos y abotonarse.

✍ Empieza a desarrollar una capacidad de autodisciplina.

DE 4 A 5 AÑOS

Lenguaje

✍ A los cinco años conoce entre 1.500 y 2.000 palabras.

✍ Le encanta hablar; juega con palabras; sigue aprendiendo a imitar a los demás.

✍ Sabe y puede usar palabras de cuatro letras relacionadas con la higiene personal (caca, pipí, etc.).

Aprendizaje

✍ Cada vez hace más preguntas y más complejas, pero no por curiosidad, sino para llamar la atención.

✍ Cuenta historias imaginativas, a menudo con detalles fantasiosos o descripciones violentas.

✍ La diferencia entre fantasía y realidad es confusa.

✍ Su mayor coordinación, comprensión espacial y concentración le permiten pasar un buen rato con juegos de construcciones (Lego, Tinkertoys, Playmobil, etc.).

✍ Responde adecuadamente a las limitaciones impuestas por los padres (por ejemplo, «Ve hasta la esquina, pero sin bajar de la acera»).

Aspectos sociopsicológicos

✍ Es muy sociable y prefiere a los niños que a los adultos.

✍ Dos pueden tomarla con un tercero.

✍ Desaparece una buena parte de desacuerdos o dificultades con los amigos.

✍ Inicia deliberadamente una conducta negativa.

✍ Tiene un sentido del humor basado en tonterías.

✍ Alardea, fanfarronea y hace mucho ruido.

✍ Le gustan las obras de teatro, reales o imaginarias, que ilustran su visión de las experiencias, ideas, sentimientos y situaciones.

✍ Le gusta jugar y hablar como un superhéroe; considera al superhéroe o a otros personajes como una forma de desempeñar distintos roles en la sociedad.

✍ Es más consciente de lo que sus padres consideran bueno y malo, así como de lo que aprueban y desaprueban.

✍ Miente o hurta: confunde posesión y propiedad.

✍ Hace preguntas sobre el matrimonio y la procedencia de los niños.

Aspectos físicos

✍ Trepa a los árboles, se sube a las escaleras de mano, a los taburetes, etc.

✍ Manifiesta hábitos físicos tales como morderse las uñas, hurgarse la nariz o ensortijarse el pelo.

✍ Se muestra muy interesado por las diferencias anatómicas entre los niños y las niñas.

✍ Juega a los médicos con otros niños.

✍ Puede empezar a masturbarse.

✍ Puede cortar una línea recta con las tijeras.

✍ Sabe dibujar una figura humana, incluyendo los ojos, el pelo, las orejas, las manos y los pies.

✍ Sabe copiar las letras O, V, H, T.

Autoayuda

✍ Sabe vestirse solo.

✍ Sabe emplear el tenedor y la cuchara, pero no el cuchillo.

✍ Sabe lavarse las manos, cepillarse los dientes (con cierta supervisión).

✍ Controla perfectamente los uréteres, aunque aún necesita ayuda para limpiarse y, de vez en cuando, puede mojar la cama (hasta los 5 o 6 años).

⚜ Capítulo 3 ⚜

LAS 30 HERRAMIENTAS
DE LA PATERNIDAD

Algunas de las herramientas de las que voy a hablar —dando por sentado que su hijo realmente desea cooperar y teniendo en cuenta que cualquier cambio lleva tiempo (y que mañana el jovencito seguirá estando a su lado)— están destinadas, por decirlo de alguna manera, a su uso exclusivo. Tratan de la actitud y la consciencia. Avánzele algunas ideas a medida que vaya leyendo y medite un poco en una época en la que la paternidad está perdiendo sus valores tradicionales. ¡Se sentirá mucho más predispuesto hacia su potencialmente terrible pequeño de dos años o su mandón chiquillo de cinco!

Algunas herramientas se refieren al tiempo que pasa con su hijo: llévele más de paseo y juegue con él un mínimo de veinte minutos diarios.

La mayoría de las treinta herramientas las aplicará cuando llegue a uno de esos enfrentamientos con su hijo, o a callejones sin salida, que conducen muy fácilmente a la frustración, el enfado y el fastidio.

Lo que confiere eficacia a estas herramientas está estrechamente relacionado con un cambio radical en la forma en que usted percibe a su hijo e interactúa con él. Cuando consigue pasar del autoritarismo a la democracia, cuando por fin se acaba aquello de: «Soy más fuerte que tú», y se sustituye por: «¿Qué es lo que anda mal aquí? ¿Qué nos impide comunicarnos? ¿Qué vamos a hacer para superar esta situación?», entonces su hijo también se implica en la resolución de los problemas. Es entonces cuando ambos transmiten en la misma frecuencia.

DÉ POR SUPUESTO QUE SU HIJO QUIERE COOPERAR; DÉ POR SUPUESTO TAMBIÉN QUE LOS DOS ESTÁN EN EL MISMO BANDO

Ésta es la herramienta fundamental, la que hace posibles todas las demás, aunque, como bien he podido constatar, a muchos padres les resulte difícil creerlo.

¿Le es familiar la siguiente escena? Son las ocho de la noche y la cena está en la mesa. ¡Macarrones con queso! El plato favorito de su hijo. Le llama para que venga a comer. Le llama una y otra vez. Es inútil. No acude. Está enfrascado en trazar filas alternativas de rojo, amarillo y azul con el juego de construcciones Lego, y hace como si no le oyese. Usted pierde la paciencia y grita: «¡A cenar! ¡Ahora! ¡Y ahora quiere decir ahora!». Ambos están enfadados, porque ambos —al parecer— quieren cosas distintas.

Pero en el fondo, a pesar de todas estas actitudes de mal genio, malas pulgas e incesante toma y daca, tanto usted como su hijo quieren lo mismo: su independencia. En este mismísimo momento, por ejemplo, el pequeño desea ser lo bastante independiente para seguir apilando su Lego y usted quiere que sea lo suficientemente independiente para comprender que ahora debe dejar de hacer lo que está haciendo y cenar.

Analicemos esta escena: usted acaba de poner la comida en la mesa y su esposa está intentando terminar un informe de la oficina para el día siguiente. Estoy seguro de que su actitud y su manera de enfocar la convocatoria de su esposa a cenar sería muy diferente. ¿O no? Si no brinca del asiento a la primera llamada, no dará por sentado que su habitualmente cooperativa y sensata mujer se muestra rebelde y le está desafiando. No le diría: «¡A cenar ahora mismo!», sino más bien: «Por favor, ¿podrías terminar cuanto antes lo que estás haciendo? La cena está servida».

Mientras los padres estén convencidos de que lo único que están intentando sus hijos es sacarles de sus casillas, utilizarán todos los medios a su alcance para mostrarse autoritarios y dar a entender que lo tienen todo bajo control. Cuando se dan cuenta de que tienen un objetivo en común con sus hijos, son capaces de cambiar su enfoque, de reflexionar sobre lo que pueden hacer para que sus críos actúen en consonancia con sus deseos.

Y es entonces cuando tal vez les parezcan más útiles algunas de las herramientas de las que vamos a hablar, puesto que les proporcionan transiciones: «Tienes cinco minutos más para jugar. Luego volveré a llamarte para que vengas a cenar». Manifiestan una cierta empatía con los niños y les dan una esperanza: «Sé lo difícil que es dejar inmediatamente los Legos. Te concedo un poquito más de tiempo y cuando hayas terminado de cenar podrás seguir jugando».

No hay duda de que los niños quieren cooperar. En primer lugar, su hijo quiere complacerle; son las ganas de explorar y de actuar por sí solo lo que a menudo desequilibra el deseo del niño y la aprobación de usted. En segundo lugar, ya ha aprendido, por lo menos a los tres años, que haciendo lo que quiere papá o mamá, consigue un mayor ámbito de libertad. Sabe perfectamente que cumplir bien y a tiempo las solicitudes de sus padres redunda en su propio interés, porque cuanto mejor las cumpla, más independencia y más derechos obtendrá. ¡Pero también quiere mantener la cabeza alta mientras está haciendo lo que se le dice que haga!

Esto lo he podido constatar con frecuencia entre los padres que acuden a mis cursillos. Les basta con descubrir que tienen un objetivo en común con sus hijos, que caminan por la misma senda, y todo se simplifica considerablemente.

Dedique veinte minutos diarios, sin interrupciones, a estar con su hijo. Déjese llevar y haga lo que él quiera

La primera hora de la mañana es ideal. Levántese veinte minutos antes que de costumbre y despierte a su hijo antes de que empiece la carrera diaria para salir de casa a una hora prudente. Pase ese tiempo con el niño. Quizá desee que le lea un cuento o que se acueste con él en su cama y escuchar juntos el canto de los pájaros.

Las tardes o las primeras horas de la noche, cuando usted y su hijo por fin se reencuentran —después de que él haya llegado de la escuela y usted acabe de volver del trabajo— también son un buen momento. El pequeño le necesita. Lleva esperando todo el día y ya no puede esperar más.

Plantéeselo de la forma siguiente. Ante todo, concédase un breve período de transición antes de entrar en casa. Apéese del autobús una parada antes y distráigase un poco (curiosee en algún escaparate, por ejemplo). Si va en su coche, deténgase en un parque cercano durante unos minutos o aparque a dos o tres bloques de casa. Luego, cuando llegue a su hogar, no haga lo que le apetezca o lo que piense que debería hacer, pues probablemente será servirse un vaso de vino o una taza de café, revisar la correspondencia o poner el pollo en el horno. Esté con su hijo.

Siéntese en el suelo y deje que le enseñe cómo apila los bloques del juego de construcciones, si es eso lo que se le antoja. Tal vez quiera sentarse en su regazo y hablar o salir de paseo. Borre todo lo demás de su mente, olvídese sin más y pase estos minutos en su territorio y a su ritmo.

Parece fácil, pero no lo es. En mis cursillos, los padres que lo han intentado dicen que veinte minutos parecen una eternidad. ¡Están asombrados de lo duro que es! Y eso se debe a que no estamos acostumbrados a prestar a nuestros hijos una atención exclusiva.

Piense en la última vez que usted y su pequeño pasaron juntos todo el día. Es muy posible que el tiempo se les escurriera entre los dedos yendo a comprar al supermercado, llevándole a una ludoteca, hablando mientras carga la lavadora, etc. Es decir, mientras realizaba una o dos cosas más al mismo tiempo. Eso está bien, y en ocasiones no queda otro remedio, pero no es lo mismo que prestarle su atención exclusiva.

Lo cierto es que cuanto más ponen en práctica este ejercicio de veinte minutos, más fácil les resulta a los padres de los que estábamos hablando olvidarse de las distracciones y concentrarse en el niño. Y la recompensa es espléndida.

Cuando le dedica toda su atención y hace lo que desea, su hijo se siente cuidado. Imagine que tiene un amigo íntimo que sólo tiene tiempo para charlar con usted por teléfono durante un par de minutos, pero no para comer, por ejemplo. Se sentiría desengañado. Como adulto que es, podría decirle a su amigo cómo se siente, pero si fuese un niño, podría reaccionar portándose mal ante esa falta de atención que tanto necesita.

Cuando presta su atención exclusiva a su hijo, sabe perfectamente que le está cuidando. Y después de tenerle para él solo durante un rato, también le concederá su tiempo. No será necesario librar un combate cada noche, a la hora de cenar, para que acuda a la mesa, o para que se calle cuando está hablando por teléfono, porque ya le habrá regalado su pedacito de sí mismo. Y cuando la rivalidad fraternal eche chispas, dedicar veinte minutos a cada niño obrará maravillas.

Pruébelo hoy mismo. Y mañana también. Quizá le cueste un poco coger el ritmo de estar con su pequeño de esta forma, de ralentizar su propio motor de «estar siempre ocupado» y abrirse un poco. Pero es mejor esto que nada.

PROGRAME EL MAYOR NÚMERO POSIBLE DE ACTIVIDADES AL AIRE LIBRE

Estoy seguro de que desde las primeras semanas de la vida de su hijo, descubrió los placeres y beneficios de salir de casa juntos lo más a menudo posible.

Es una experiencia reconfortante para usted: vista a su pequeño y llévelo de paseo al parque o cítese con un amigo durante media hora o una hora en alguna cafetería; de este modo, disfrutará de una breve tregua del síndrome de «estar pegado al hogar» y de la sensación de locura permanente que tan a menudo acucian a los padres que tienen niños muy pequeños.

También es una experiencia inmejorable para su hijo: según dicen muchos padres, la única actividad que realmente tranquiliza a un niño exigente y llorón consiste en meterlo en el cochecito o en la silla del coche y salir de casa a caminar un poco o a pasear en automóvil; la sensación placentera del aire en la cara o el efecto arrullador del movimiento del coche casi siempre sosiega y relaja.

A medida que su hijo vaya creciendo y llegue a la edad preescolar, el tiempo que pasa al aire libre adquiere una importancia cada vez mayor. Durante estos años —y, por supuesto, durante muchísimos más—, su hijo posee una extraordinaria cantidad de energía para derrochar, aunque también necesita practicar diversas actividades físicas: correr, saltar, trepar y brincar.

En efecto, necesita hacer estas cosas. Ésta es la palabra clave: necesita. Estos ejercicios son tan esenciales para su crecimiento como aprender a utilizar el tenedor y la cuchara, a cepillarse los dientes y a ponerse los calcetines y los zapatos. En su cuerpo y en su alma siente la necesidad de correr, saltar, trepar y brincar, y goza de la menor oportunidad que se le presenta para hacerlo. A decir verdad, si carece de estas oportunidades, si no dispone de una infinidad de ocasiones para correr, saltar, trepar y brincar, es muy probable que dé guerra y se porte mal en casa.

Recomiendo encarecidamente a los padres que reserven tiempo al aire libre con sus hijos en su programa diario o semanal de actividades de un modo tan sistemático como planifican la lectura de un libro juntos o explicar cuentos a la hora de acostarse. Si vive en una casa vallada y dispone de un patio o jardín lo suficientemente seguro, deje correr libremente a su hijo lo más a menudo posible, y si vive en un piso de ciudad, vaya a un parque infantil o a cualquiera de los espléndidos espacios lúdicos interiores de nuevo cuño, donde el niño pueda ejercitar sus habilidades físicas.

Antes de cumplir los tres años, necesitará un poco de ayuda y de vigilancia, sobre todo al trepar. Un padre de un chiquillo de dos años y medio lo llevaba cada mañana al embalse de la localidad, donde había una pista de jogging y varios escalones. Entre diez y quince minutos, el pequeño se lo pasaba en grande subiendo y bajando los peldaños, cogido de la mano de papá. Cuando ya estaba hasta la coronilla de tanta escalera, su padre le montaba en un triciclo especial para joggers, le aseguraba el arnés y juntos daban un par de vueltas al embalse.

El tiempo al aire libre tiene otra ventaja adicional. Como bien sabe, si se ha enfadado con su esposa y sale a dar un paseo, se tranquiliza un poco y vuelve al hogar sintiéndose mejor. Pues bien, eso también es aplicable a las relaciones paternofiliales. Si usted y su hijo han tenido un día especialmente duro, salgan de paseo. El cambio de escena tiende a restaurar los sentimientos positivos y agradables. Y si además tienen la posibilidad de correr, trepar, saltar y brincar, miel sobre hojuelas.

TAN A MENUDO COMO SEA POSIBLE, PERMITA A SU HIJO TOMAR SUS PROPIAS DECISIONES Y CONTROLAR SU COMPORTAMIENTO

Ofrecer la posibilidad de elegir es una de las herramientas más poderosas que tiene a su disposición. Su funcionamiento es realmente simple. Deje que su hijo de dos años decida si va a tomar leche o zumo cuando tenga sed o si prefiere llevarse a la cama a la rana Gustavo o al osito Winnie-Pooh. Permita a su pequeño de tres años que elija la camiseta que va a llevar para ir a la escuela. Deje que sea su hijo de cuatro años quien se cite con sus amigos para jugar en casa una tarde, o que el de cinco le ayude a planificar un par de cenas de la semana siguiente. Si lo hace, verá como muchos de los pequeños forcejeos cotidianos de poder se desvanecen o, por lo menos, menguan en intensidad y duración.

En el capítulo 4 veremos que, a menudo, ofrecer alternativas de elección constituye uno de las mejores armisticios en los típicos combates paternofiliales que casi siempre acaban conduciendo al enfado, al reproche y al castigo. La verdadera causa de muchos de estos combates —a decir verdad, de todos, por poco que lo piense— consiste en una necesidad o deseo de control. El padre necesita tener controlado a su hijo, para tener la seguridad de que no va a sufrir ningún daño, para saber que se alimenta correctamente, que se viste con la ropa adecuada para no pasar frío y que duerme lo suficiente, y el niño quiere ejercer el control sobre sí mismo, pues se halla en pleno camino hacia su independencia.

Pero durante los cinco primeros años de su vida, su hijo tiene innumerables razones para descontrolarse.

Entre un año y medio y dos años y medio, el mundo se abre como un estallido a su alrededor. Empieza a hacerse una idea de sus posibilidades, aunque carece de las mínimas capacidades para alcanzarlas. ¡Algo tan simple como ponerse una camiseta por la cabeza y sacar los brazos por las mangas le resulta complicadísimo!

Sabe cómo se abren las puertas, pero no tiene la fuerza necesaria para girar un tirador. Sabe lo que quiere, pero no tiene palabras para pedirlo. Con frecuencia, se siente frustrado durante todo el día, porque hay demasiadas cosas que no puede hacer (¡es una lata tener que depender siempre de alguien!).

Llega a la edad preescolar y, de la noche a la mañana, se pasa varias horas al día con un montón de otros pequeñajos que quieren las mismas cosas que él, y por si fuera poco no le queda otro remedio que atenerse indefectiblemente a un horario que no puede programar ni alterar a su antojo.

Es muy probable que en esta edad entre en escena un hermano más pequeño que, tras superar su etapa de bebé, esté gateando por la casa y dejando sentir palpablemente su presencia. La posición de su hijo en la familia se resiente, sufre un shock.

Y de vez en cuando, justo cuando se siente el rey del mundo y el todopoderoso, sucede algo que le provoca una tremenda frustración. He aquí un ejemplo. Un niño de cuatro años y medio salió a navegar un fin de semana con sus padres, verdaderos entusiastas del medio acuático. Debido a una inesperada mala mar, tuvo que permanecer sujeto con el arnés durante dota la travesía. Los tres o cuatro días que siguieron a la «aventura», mostró un carácter arrolladoramente rebelde. Cuando le llamaban a la cena, por ejemplo, salía disparado al patio. Su madre enseguida se dio cuenta de que necesitaba reafirmar su autonomía y volver a sentirse controlador del entorno, y decidió darle tiempo para que lo consiguiera.

Durante estos primeros años, procure dar a su hijo alternativas de elección lo más a menudo posible. Sea consciente de lo que es capaz de hacer en cada momento y deje que lo haga. Evite los toma y dacas de poder, sobre todo en aquellas situaciones en las que, si lo analiza fríamente, se dará cuenta de que en realidad el resultado no va a cambiar radicalmente las cosas cualquiera que sea la decisión que tome el pequeño.

PROCURE QUE SU HIJO SE DÉ CUENTA DE QUE SU BUEN COMPORTAMIENTO NO LE HA PASADO INADVERTIDO

Si es usted como la mayoría de los padres, lo que le llama la atención de su hijo son sus dificultades a la hora de hacer algo o su conducta rebelde. Seguro que le dice: «Basta ya de pelearte con tu hermano», pero quizá no se le haya ocurrido decirle: «¿Sabes? Me ha gustado mucho que hayas estado jugando toda la tarde con tu hermano sin pelearte».

Es importante elogiar al niño cuando ha sido capaz de corregir un comportamiento negativo. Si él y su hermano llevaban días como el perro y el gato, si usted habló con él, el mayor, sobre la inconveniencia de su actitud y le ayudó a encontrar posibles vías para mejorar, y si es evidente que lo ha intentado y que ha conseguido claros progresos, es lógico que merezca unas palabras de aprobación. Más adelante en esta sección, hablaremos de la importancia de recompensar a un niño cuando se lo ha ganado a pulso.

Pero por el momento le propongo algo diferente. Déle una palmadita en la espalda de vez en cuando —de modo general—, no porque haya cambiado algo que a usted le disgustaba, sino porque está empezando a hacer bien las cosas. Y si hemos de ser sinceros, los niños lo hacen. A medida que aprenden y crecen, van haciendo mejor las cosas, hasta el punto que resulta un auténtico placer contemplarlos y convivir con ellos.

Un padre de uno de mis grupos de trabajo apreció perfectamente la diferencia entre elogiar después de haber mejorado una conducta y hacerlo de modo general. Dice: «Muy a menudo, Max recibe nuestras palabras de elogio porque cada vez se comporta mejor con su hermana o porque se acuerda de hacer algunas de las sencillas tareas que le encargamos. Siempre tengo la sensación de que le estoy manipulando, ¡como darle un terrón de azúcar a un perro cuando está aprendiendo a sentarse o a levantar una pata!».

El padre de Max buscó otros momentos de «modo general» para ensalzar a su hijo. Una noche, tras una agradable cena de animada conversación, por ejemplo, le dijo: «He disfrutado muchísimo cenando contigo. Me gustaría que me explicaras cómo anda el diseño del trazado de la maqueta del tren y yo te contaré lo que he hecho hoy». Una fórmula perfecta como respuesta a un momento muy agradable que tiende a perpetuarse y del que su hijo forma parte intrínseca.

Cuando piense en la forma en que su hijo puede darse cuenta de que su buen comportamiento no ha pasado desapercibido, piense también en cómo podría estimular esa conducta. Quizá tenga la costumbre de integrarle cada noche en la cena familiar, arrimando su sillita alta a la mesa, y quizá también cada noche, después de unos minutos de sosiego, empiece a empujar la cuchara hacia el borde del tablero, efectúe aterrizajes forzosos con la mano en la sopa, emita sonidos espeluznantes o se comporte de cualquier otra forma que le saque de sus casillas.

Lo más probable es que su pequeño no tenga ni idea de lo que debe hacer para integrarse en aquella reunión familiar diaria. Vea de qué forma podría implicarle y convertirle en un participante activo en la conversación. Pruebe con algo así: «¿Qué tal te lo has pasado hoy con los columpios en el parque? ¿Pudiste subir al tobogán?». O también: «¿Qué colores utilizaste para pintar este dibujo?».

Así, su hijo tendrá algo que decir. Y luego, al finalizar la cena, dígale: «Ha sido estupendo conversar esta noche, ¿no te parece? Espero que podamos repetirlo más a menudo».

Habitualmente, elogiamos a los niños cuando coinciden con nuestra forma de pensar. También es bueno hacerlo en otras ocasiones, de modo general.

CUANDO TENGA QUE LLEVARSE
ALGUNA COSA, OFREZCA ALGO A CAMBIO

Durante los dos o tres primeros años de la vida de un niño, a menudo —muy a menudo— tendrá que quitarle de las manos alguna cosa o no darle algo que desea desesperadamente. No comprende el peligro o el valor que tienen los objetos, a quién pertenecen ni por qué todo aquello que quiere no es posible tenerlo cuando lo quiere.

Cuando tenga que arrebatarle algo, ofrézcale alguna cosa que lo sustituya. Se halla en plena etapa de exploración, y un niño muy pequeño aún carece de la capacidad para pensar que otra cosa satisfaría mejor la necesidad exploratoria que experimenta en aquel momento. Mientras sea un bebé, puede resultar bastante fácil reconducir su atención: cambie las tijeras que había cogido por un vaso de plástico y casi con toda seguridad estará encantado de aporrear una silla con él. Cuando crece un poco y se da cuenta de que no tiene lo que desea, deberá hacer un mayor esfuerzo para tranquilizarlo.

En sus excelentes libros *The First Year of Life* y *The Second Year of Life*, Nina Lief lo describe como un proceso de tres partes: primera, limitar el comportamiento indeseado; segundo, ofrecer algo a cambio; y tercero, aprobar lo que hace el niño con lo que se le ha dado a cambio.

Supongamos que su hijo de dos años le quita de un tirón la revista que había empezado a leer (los niños son absolutamente incapaces de limitarse a contemplar a mamá sentada y leyendo). Usted recupera la revista y dice: «Esta revista es de mamá. Pero mira lo hay allí: tu libro de Babar. Vamos a hojearlo juntos».

Ayúdele a girar un par de páginas. Pregúntele si puede pasar la página solo. Dígale: «Estás pasando las páginas muy bien. ¿Me señalas dónde está la trompa de Babar? ¿Y la cola? Estupendo». Ayude a su hijo a enfrascarse en esta nueva actividad. Dígale lo siguiente: «¿Sabes que vamos a hacer? Nos sentaremos aquí y leeremos juntos. Tú mirarás tu cuento y yo mi revista».

La sustitución de la revista por el cuento quizá le mantenga ocupado, pero también es posible que no dé resultado, en cuyo caso no tendrá más remedio que dejar para más tarde su deseo de disfrutar de un poco de lectura privada. No obstante, tendrá muchas más probabilidades de éxito si le ayuda a involucrarse en la actividad y elogia lo que está haciendo. Una madre asistente a uno de mis cursillos decía que, en realidad, las sustituciones no empezaban a funcionar hasta que añadía el factor «elogio». Tardaba alrededor de un cuarto de hora en reconducir a su hijo y todo se desarrollaba en una atmósfera más positiva y agradable.

Si limita su comportamiento y dice «no», está enseñando a su hijo algunas lecciones muy importantes: algunas cosas son peligrosas para jugar y usted intenta que no se haga daño; algunas cosas pertenecen a otras personas; si lo intenta, puede superar su enojo y encontrar otras formas de jugar y explorar.

Además, al ofrecerle algo a cambio, no sólo recanaliza su atención, sino que también le anima a seguir explorando. A decir verdad, este deseo de coger, tocar, manejar y tener cosas es bueno y saludable, y contribuye a su desarrollo intelectual. Su trabajo consiste en asegurarse de que lo que el niño coge, toca, maneja y tiene es inofensivo y apropiado.

Y al elogiar ese nuevo comportamiento, le está dando un «sí» como una catedral, lo que estimula al pequeño a repetir la conducta deseable y contribuye a que se sienta competente.

De este modo, a los tres, cuatro o cinco años, será capaz de empezar a encontrar sustitutos por sí solo.

A Billy, de cuatro años y medio, le encantaba su espada de *La guerra de las Galaxias*. Un día, vino un amigo a jugar a su casa. Al poco de sacar la espada, ambos estaban superexcitados, se pelearon y el amigo recibió un buen mamporro. Corrían el riesgo de hacerse daño de verdad.

El padre del pequeño dijo: «Billy, vamos a tener que guardar la espada durante un rato. Como puedes ver, no es una buena idea jugar con ella». Reacio, el niño entregó la espada a papá y luego corrió a su cuarto para bajar de la estantería la colección de muñecos de acción. En pocos minutos, se habían enfrascado en un juego lo bastante animado, aunque más apacible que el anterior: los invasores del espacio..., chico bueno contra chico malo.

En el capítulo siguiente, verá numerosos ejemplos de oferta de algo a cambio que dan resultado.

LOS MOMENTOS DE CAMBIO EN EL TRANSCURSO DEL DÍA —SALIR DE CASA POR LA MAÑANA, POR EJEMPLO— SON DIFÍCILES PARA SU HIJO. PROPORCIÓNELE TRANSICIONES PARA FACILITARLE EL PASO DE UNA A OTRA ESCENA

Los niños de tres o cuatro años odian que les digan que dejen de hacer algo divertido, como por ejemplo jugar con un amigo o ver sus dibujos animados preferidos. No comprenden por qué tienen que dar por terminada la tarde de juegos y volver a casa o apagar el televisor y cenar.

En el capítulo 4, comentaré algunas situaciones habituales en las que los niños suelen resistirse a dejar algo con lo que se lo están pasando en grande y hasta qué punto puede facilitar las cosas darles entre diez y quince minutos de prórroga o cualquier otra sencilla transición.

Con todo, existen dos cambios a lo largo del día que pueden ser especialmente problemáticos.

Muchos de los padres que asisten a mis cursillos dicen que los peores momentos con sus hijos —cuando más se hacen los remolones, más desafían el poder paterno, más se encolerizan y más fastidian— tienen lugar por la mañana, a la hora de salir de casa, y por la noche, a la hora de acostarse. Ni que decir tiene que la mañana es cuando usted anda más apresurado y la noche cuando está más cansado y necesita desesperadamente un poco de tiempo para sí mismo.

Pues bien, si opta por las transiciones, reducirá los *impasses* y los pataleos. Así es cómo actúan:

Sus hijos todavía no están totalmente seguros de si van a regresar al lugar que están a punto de abandonar o, en todo caso, de cuándo van a hacerlo. A menudo les resulta complicado separarse de lo que les aporta seguridad. Es posible que su pequeño adore las actividades del ciclo preescolar, pero que aun así se sienta temeroso o infeliz al salir de casa para dirigirse a la escuela y, por lo tanto, se muestre reacio a desayunar o se niegue a ponerse los zapatos. Es demasiado duro levantarse, vestirse y salir a la calle.

Imagine alguna forma de proporcionarle una transición. Despiértele más pronto y léale un cuento o hagan un rompecabezas juntos. Veinte minutos ininterrumpidos —«en su terreno», como solía decir hace años— serán más que suficientes. Si no es posible, téngalo con usted mientras se viste o se afeita y cuéntele lo que va a hacer aquel día y lo bien que le van a salir las cosas en la escuela o en el jardín de infancia.

Si tiene la ocasión de pasar ese tiempo de transición con usted, y se lleva la impresión de que su próxima actividad va a ser divertida y de que merece la pena el esfuerzo de prepararse para salir, es probable que le sea mucho más fácil abandonar la casa.

Por la noche, si realmente le cuesta horrores ordenar sus osos de peluche y meterse en la cama, es muy posible que, al igual que otros muchos niños, le dé miedo acostarse. ¡O que simplemente se dé cuenta de que puede hacer un montón de cosas si permanece despierto! En tal caso, ofrézcale otra transición para que se sienta seguro.

Dedique entre cinco y diez minutos a admirar sus osos y hágale saber que van a estar allí, a su lado, toda la noche, sin que nadie les moleste, y dispuestos para jugar al día siguiente. Dígale que después del cuento, del beso de buenas noches y de apagar la luz, regresará a los diez minutos para verle dormido y comprobar que todo está en orden.

Las transiciones no roban demasiado tiempo y pueden obrar maravillas.

ELOGIE A SU HIJO EN EL MOMENTO OPORTUNO CON LA CANTIDAD JUSTA DE PALABRAS DESCRIPTIVAS

He conocido a muchas madres y padres que, reflexionando acerca de sus hijos, descubren que sus propios padres se quedaron cortos de elogios. Recoger los juguetes, portarse bien con el hermanito o, más adelante, sacar buenas notas no era sino lo esperado. Nadie les daba palmaditas en la espalda cuando hacían bien las cosas. A otros sí les elogiaban, pero sólo cuando realmente destacaban en algo o conseguían un gran éxito. Por consiguiente, se sentían poco agradecidos durante la mayor parte del tiempo.

Muy a menudo, aquellos mismos padres y madres experimentan la necesidad de ser más elogiosos con sus propios hijos. Creen demostrarles mejor su cariño y su amor, y están convencidos de que eso fomenta la confianza y la autoestima de los pequeños. Con tan admirables intenciones, algunos tienden incluso a elogiar prolijamente a sus hijos por todas y cada una de las pequeñas cosas que hacen.

Es bueno aplaudir el esfuerzo que hacen los niños para aprender. Basta pensar en la lucha diaria que libran durante estos primeros años para dominar nuevas técnicas y en lo dura que resulta: olvidar para siempre el precioso y reconfortante biberón para empezar a beber leche, agua y zumos de fruta en un vaso tan difícil de sujetar; ir al baño, bajarse los pantalones y sentarse en el orinal antes de mojarse; encajar la pieza circular en el orificio circular y la pieza cuadrada en el orificio cuadrado; sujetar un lápiz y dibujar una cara en un papel, entre otras muchas cosas. Todo eso obliga al niño a librar un extenuante combate, le hace sentir frustrado y tiene que intentarlo una y otra vez hasta conseguirlo. Es así como obtiene la verdadera confianza en sí mismo.

Si elogia sus esfuerzos, su hijo se sentirá más animado para seguir adelante y no desfallecer. No obstante, la palabra clave es «esfuerzos», y el concepto clave, al admirar dichos esfuerzos, consiste en ser «descriptivo».

El elogio eficaz siempre es descriptivo. Permite que el niño comprenda lo que ha hecho para poder repetir la acción o la conducta en otro momento. Si le dice a una amiga: «Estás fantástica», se sentirá complacida; quizá suponga que lo que ha querido decir es que su blusa azul y el collar de plata le sientan especialmente bien. Pero si le dice: «Ese color azul realza muy bien tu figura, y el collar se adapta perfectamente al escote de la blusa», no tendrá que suponer nada, ya que sus palabras no dejan lugar a dudas.

Su hijo no sabe hacer suposiciones sobre el significado de las cosas que le dice. Le falta experiencia. Para un niño pequeño, podría describir su complacencia de este modo: «Sujetas muy bien el vaso». O de este otro: «No te cae ni una gota de zumo. Realmente estás aprendiendo a beber sólo». O también de éste: «Se nota que te estás esmerando en este dibujo. Me gusta cómo has hecho el pelo de este señor, espeso y despeinado». Todas ellas son buenas formas de elogio descriptivo.

En cambio, no lo es tanto decir: «¡Qué orgulloso estoy de mi muchachote! Ya no vas a necesitar nunca más ese viejo biberón». O: «¡Es el dibujo más bonito que he visto jamás! Vas a ser el pequeño artista de papaíto».

Cuando crezca un poco más, puede combinar el elogio de sus esfuerzos con un poco de crítica constructiva y ayuda. Podría decirle lo siguiente: «Muy bien. Te has puesto los zapatos y ya estás aprendiendo a atártelos. ¡Dentro de poco te los sabrás atar tú solo! Mientras continúas practicando, recuerda que si lo haces más pausadamente, suele salir mejor».

Y a medida que siga creciendo y sus acciones empiecen a

guardar un mayor parecido con el comportamiento adulto, no olvide reconocer sus méritos. Al andar por la calle y esperarse a que el semáforo se ponga verde, por ejemplo, puede decirle: «Saber que te detienes antes de cruzar me hace sentir muy seguro». O también: «Poner las servilletas en la mesa y llevar el plato y los cubiertos a la cocina nos deja más tiempo libre para hablar o leer».

Sin embargo, los niños pequeños saben perfectamente cuándo el elogio es real o exagerado. Tan pronto como su hijo empieza a pasar más tiempo con sus amiguitos, con los profesores de preescolar y, en general, fuera de su entorno familiar, aprende enseguida que no es el mejor en todo y que todo lo que hace no es maravilloso. Es una lección que debe aprender en su camino hacia la independencia, aunque es capaz de aceptar mucho mejor las correcciones y las críticas si dispone de un banco de memoria rebosante de experiencias positivas.

CAMBIE «NO» POR «SÍ» EXPLICANDO A SU HIJO LO QUE PUEDE HACER (CONSEGUIR) Y CUÁNDO PUEDE HACERLO, Y NO LO QUE NO PUEDE HACER (NO CONSEGUIR)

Si dejase en marcha un casete durante veinticuatro horas y grabara algún diálogo diario que mereciera la pena entre su hijo y usted, y luego se sentase en un lugar tranquilo y lo escuchara con atención, estoy seguro de que se oiría a sí mismo haciendo muchas puntualizaciones de este tipo:

«No bebas más zumo, cariño. Vas a cenar enseguida.»

«Se acabó el juego, es la hora del baño.»

«Sé que quieres que mañana os lleve a ti y a Jason al zoo, pero es imposible. ¿Recuerdas que te dije que teníamos que ir a casa de la abuela? Te encanta ir a casa de la abuela, ¿verdad?»

«No, te dije sólo dos cuentos. Ya es muy tarde.»

Es decir, un saco lleno de «noes».

Evidentemente, como padre que es, debe dictar muchos de los detalles de la vida cotidiana de su hijo, negarse a las exigencias o solicitudes inapropiadas, hacer que todo marche como es debido imponiendo un alto en determinadas acciones y sugiriendo el inicio de otras. Pero tenga en cuenta también lo que debe significar para el niño oír «no» con tanta frecuencia. Si estuviese en su lugar, se sentiría frustrado e irritado. Usted puede abrir el frigorífico y beber un poco de zumo cuando le viene en gana; él no.

Cambie «no» por «sí» siempre que le sea posible. Cuando empiece a pensar en el modo de hacerlo, se sorprenderá gratamente de lo fácil que es:

«Quieres ese zumo porque tienes mucho apetito, ¿no es cierto? Vamos a darte de cenar ahora mismo.»

«Sí, ya sé que deseas jugar un poco más. ¿Quieres que te ayude a ordenar tus dinosaurios para que estén listos para jugar mañana? Luego puedes bañarte.»

«¡Claro que sí! Jason, tú y yo vamos a ir al zoo. Quizá lleguemos cuando estén dando de comer a las focas. Lo haremos el viernes, pasado mañana.»

«¿Qué te apuestas a que leemos este libro? Lo pondremos el primero de la lista para cuando te acuestes mañana.»

Apenas hay diferencia entre «No, no puedes hacerlo» y «Sí, sé que quieres hacerlo. Lo harás más tarde. Ahora debes hacer esto». No espere una respuesta positiva inmediata. Su hijo, que no es un muñeco de trapo, es bastante consciente de que no está consiguiendo lo que desea en el momento en que lo desea. Incluso puede mostrarse enfadado o contrariado. Pero es mucho más probable que acepte lo inevitable sin entablar un forcejeo de poder.

Veamos un ejemplo:

Amelia, de tres años, y su padre cumplían una rutina regular los sábados por la tarde. Acompañaban a Ben, hermano de Amelia, a la clase de piano y al salir tomaban un zumo de manzana y un donut, el dulce favorito de la niña. Y casi cada semana se armaba el consabido lío, porque Amelia quería tomarlo antes de la clase. Un sábado, su padre intentó cambiar el «no» de siempre por un «sí».

Le dijo: «Cariño, sé que te gusta muchísimo el zumo de manzana y el donut. Podrás tomártelo inmediatamente después de la clase de Ben». A lo que ella respondió: «¡Lo quiero ahora mismo!». Papá replicó: «Sí, ya sé que lo quieres ahora mismo. Mira, lo que puedes tomar ahora mismo es unos cereales o un poco de fruta».

Amelia no se sintió demasiado dichosa. Pero al poco rato, se plantó delante de su madre, con los brazos cruzados, y dijo: «¡Dame unos cereales! ¡Ahora!». Se comió sus cereales y más tarde su zumo de manzana y su donut. El toma y daca duró la mitad de tiempo que los sábados anteriores. Dos sábados después ya se había adaptado a la nueva rutina. La guerra había terminado.

DEMUESTRE EMPATÍA. PÓNGASE EN EL LUGAR DE SU HIJO. PÍDALE EXCUSAS, POR EJEMPLO, POR OBLIGARLE A HACER ALGO QUE NO LE GUSTA HACER

El diccionario define la empatía como la capacidad de compartir las emociones, los pensamientos o los sentimientos de otro.

Dígale a su hijo: «Sé que estás muy enfadado conmigo porque te obligo a marcharte del parque. ¡No te culpo! A mí tampoco me gusta que la gente me diga lo que tengo que hacer». O también: «Siento que tengamos que irnos ahora y me hace sentir muy mal que estés tan enojado. Ya sé que quieres quedarte un poco más, pero tenemos que regresar a casa». Eso es demostrar empatía.

Y su hijo, aunque permanezca debajo de un nubarrón negro y amenazante de lluvia, se sentirá comprendido.

No siempre es fácil demostrar empatía hacia un niño, sobre todo cuando le pone las cosas tan difíciles que acaba perdiendo la paciencia. Le ha presentado sus disculpas, le ha hecho saber que es consciente de su contrariedad y que tiene motivos para sentirse irritado ante el giro que han tomado los acontecimientos. Al final, cree estar en todo su derecho de corregir una conducta que se ha pasado considerablemente de la raya.

Espere un poco más. No puede corregirle sin conocer a fondo los sentimientos de su hijo y dejar pasar algún tiempo para comprenderlos al cien por cien. Imagine la escena siguiente: su esposa le recuerda que hay que poner gasolina al coche, pero usted olvida detenerse en la estación de servicio, el depósito se queda más seco que el desierto del Sahara en medio de la autopista y se pasa un par de frenéticas horas intentando conseguir ayuda. Por la noche, le cuenta el incidente a su mujer y ella le dice: «¡Qué horror! Habrás pasado un rato fatal. Cómo siento que estuvieses solo, cariño», dándole un reconfortante abrazo. A la noche siguiente, ella le comenta: «¿Sabes una cosa? Te repetí dos veces que la reserva de gasolina estaba casi a cero. Debiste recordarlo». ¿No es cierto que está mucho más dispuesto a aceptar esa crítica, después de que su cónyuge tuviese el sentido común, la gracia o la compasión de hacerse cargo, ante todo, de sus sentimientos?

La empatía es una herramienta sensacional cuando las peleas entre hermanos entorpecen una y otra vez la paz familiar. Si ahora que su hermanito empieza a gatear por todas partes, su hijo de cuatro años y medio da la sensación de haberse convertido en un perpetuo pusilánime, atenazado por el miedo, la debilidad y la indecisión, intente imaginar cómo se siente y lo que echa de menos y, luego, hable con él sobre este particular. Podría decirle: «Ya sé lo difícil que es para ti compartirlo todo con Matthew. Antes teníamos mucho más tiempo para leer y hacer cosas juntos. También yo lo echo de menos. Tenemos que encontrar algún modo para disponer de más tiempo para los dos». En este momento, su hijo se da cuenta de que a usted no le han pasado desapercibidos sus sentimientos y de que también le sabe mal que las cosas tengan que ser así. Y si, además, consiguen trazar un plan que les permita estar más tiempo juntos y se ciñen a él, de repente deja de sentirse celoso de su hermano pequeño.

Demostrar empatía también puede implicar compartir algunos de sus propios sentimientos y experiencias. Explique a su hijo que, en ocasiones, a usted le molesta tener que ir al supermercado y que autorreprime ese sentimiento de «¡No me apetece ir!» pensando en las cosas agradables que pueden sucederle a lo largo del camino. Sugiérale la posibilidad de intentarlo.

Un poco de empatía obra milagros.

ESPERE HASTA QUE LAS EMOCIONES (SUYAS Y DE SU HIJO) SE HAYAN APLACADO ANTES DE INTENTAR CORREGIR UNA CONDUCTA

A Kami, de tres años, le gustaba muchísimo trepar por los escalones del gran tobogán que había en el parque. Ella y su madre habían acordado que, como máximo, podía subir hasta el cuarto escalón y luego volver a bajar. Pero la pasión «escaladora» de la pequeña superó su deseo de atenerse a las reglas y de no hacerse daño, y un día siguió subiendo y subiendo, haciendo oídos sordos a los ruegos de mamá para que se detuviera. Por fin, la inquieta madre consiguió que bajara chantajeándola con un caramelo de palo, pero una vez abajo, con un enfado de mil diablos, la llevó de vuelta a casa. Más tarde, la madre de Kami se dio cuenta de que no había manejado correctamente la situación.

Atraer a la niña prometiéndole una golosina y después arrastrarla a casa, enojada, quizá no era una conducta ideal, aunque para conseguir su objetivo de proteger a su hijita, era lo único que se le había ocurrido a la buena mujer.

Cuando las situaciones se escapan de las manos —su hijo está sobreexcitado y corre alocadamente o le monta una escenita en público y usted tiene buenas razones para estar preocupado por su seguridad o furioso por su comportamiento—, no espere ser capaz de actuar con calma, serenidad y frialdad, ni tampoco intente corregir la conducta rebelde *in situ*.

En este tipo de situaciones, puede que no sea una mala idea procurar conseguir la obediencia temporal del niño o cogerle del brazo y marcharse de aquel lugar.

Cuando las emociones —suyas y del pequeño— se hayan aplacado, será el momento de sacar consecuencias y de establecer límites.

La siguiente vez que Kami y su madre fueron al parque, ésta dijo:

«Ayer estaba muy preocupada cuando te subiste tan alto y no bajaste cuando te lo pedí. Me enfadé porque creía poder confiar en ti cuando acordamos que sólo treparías hasta el cuarto escalón. Ya sé que es muy emocionante subir esa escalera, pero es peligroso subir tan arriba. Así que hoy, cuando quieras subir, te cogeré de la mano. Lo haremos varias veces hasta que seas capaz de subir hasta arriba tú sola.»

Los mayores éxitos se logran cuando se consigue implicar a los niños de tres, cuatro o cinco años en la búsqueda de una solución. En realidad, tampoco ellos desean repetir la desastrosa experiencia del día anterior en el parque ni la rabieta de la semana pasada en el supermercado, y si se les pregunta qué podrían hacer la próxima vez para que todo saliera mejor, es muy probable que le sugieran algunas buenas ideas.

Dé esperanzas a su hijo. Hágale saber que lo que ahora, hoy o este año no está a su disposición, lo estará más adelante

De camino a la escuela, un padre y su hijo de cinco años llegaron a una esquina en la que el niño anunció su intención de cruzar solo y cubrir el resto del trayecto hasta la escuela sin la compañía de papá. Éste le dijo: «No, tienes que ir cogido de mi mano».

El padre hacía bien en velar, ante todo, por la seguridad de su pequeño, pero sin dejar de hacerlo, hubiese podido dar alguna esperanza de futuro al niño. Hubiera podido optar por algo así: «Quiero que seas capaz de cruzar la calle tú solo. Pero no sólo eso, sino que también puedas ir a la escuela sin que nadie te acompañe. Y eso es exactamente lo que te enseñaré a hacer. Así, cuando tengas diez años, cruzarás las calles e irás a la escuela solo. Empezaremos a practicarlo ahora mismo, para que sepas cómo hacerlo cuando llegue el momento».

De este modo, día a día, en su desplazamiento matinal a la escuela, papá podría establecer diversos tipos de práctica. Con tal de que se detuviera en la esquina, el niño podría caminar unos cuantos pasos por delante de su padre, imaginando que va solo. Al llegar al cruce, el niño diría en voz alta lo que va a hacer a continuación: fijarse en el semáforo, mirar a derecha e izquierda, etc.

Papá podría indicar a su hijo que uno de los motivos por los que debe esperar a ser un poco mayor estriba en que en las calles en las que hay coches estacionados junto a la acera, los conductores no pueden distinguir a las personas pequeñitas que intentan cruzar. Así, el niño haría suya una parte de la perspectiva de su padre y dejaría de pensar que, una vez más, sus deseos se han visto radicalmente frustrados.

Lo maravilloso de dar esperanzas a sus hijos de una forma tan sencilla como ésta consiste en su inmediata toma de consciencia de su genuino deseo de que sean independientes. Eso le estimula notablemente, porque llegará el momento en que le diga «sí» —no sólo va a poder hacer lo que quiere, sino que sabe cuándo va a ocurrir—, creando un marco temporal en su mente. Además, tiene la oportunidad de empezar a prepararse ahora mismo, mientras usted le enseña todo lo que deberá hacer para que llegue aquel momento.

Estoy seguro de que en la siguiente sección de este libro se sorprenderá al ver lo fácil y útil que resulta esta herramienta en todo tipo de situaciones, no sólo para detener que su hijo siga haciendo algo potencialmente peligroso, sino también cuando quiere imponer un castigo a su hijo o darle a entender sin tapujos que mañana será otro día y que no está dispuesto a ceder a sus caprichos.

Dé esperanzas a su hijo y no le estará persiguiendo de la mañana a la noche para obtener lo que desea. Déle esperanzas y reducirá el número de pataleos y de comportamientos rebeldes.

ORA INSISTA, ORA NEGOCIE... SEPA CUÁNDO DEBE OPTAR POR UNA U OTRA ALTERNATIVA

Cuando se trata de la salud, la seguridad y la ley, usted manda. Es el jefe. El dictador, por así decirlo. Ahí no puede haber regateos ni encuentros a medio camino sobre si su hijo debe o no llevar las correas atadas en la sillita infantil de seguridad del coche que tanto odia, ir cogido de su mano al cruzar la calle o dejar de morder a su amigo.

Puede existir una cierta discusión sobre el porqué de esas normas: «Porque el código de circulación exige que los niños vayan en su asiento...; porque tengo que asegurarme de que no te atropellará un autobús al cruzar la calle...; porque nada te autoriza a hacer daño a otra persona». Pero no hay discusión posible sobre si tienen que cumplirse o no.

También puede insistir en el hecho de ser considerado con los demás. Dado que los niños menores de tres años todavía no son lo bastante maduros para pensar en los demás, los padres están obligados a mantener sus expectativas, por lo menos hasta un mínimo, y ayudarles a desarrollar esa capacidad. A partir de los tres años, el niño empieza a comprender el efecto de su conducta en los demás y ya es posible esperar que sea más responsable.

Supongamos que la abuela pasa una semana en casa y necesita echar un sueñecito después de comer. Sus hijos, de dos años y medio y cuatro, acaban de llegar del jardín de infancia y de la escuela respectivamente, está lloviendo y no puede llevarles al parque para garantizar una hora de sosiego en casa.

Dígales que la abuelita necesita que hablen con sus «voces interiores» durante la hora siguiente. Puede decirles que se da cuenta de lo difícil que es, pero que ha planeado algunas actividades para ellos que les harán más llevadero ese período de tiempo. Dígales también que la abuela les agradecerá en el alma sus esfuerzos y que al levantarse jugará con ellos. Dado que el pequeño de dos años y medio no tiene ni idea de qué significa «una hora», explíquele que después de jugar con las construcciones, hacer un dibujo, escuchar un cuento y merendar, podrá jugar con el correpasillos y volver a hablar en voz alta.

Insista cuando tenga que hacerlo. Por lo demás, los límites de la negociación son amplísimos y siempre se puede alcanzar un acuerdo mediante un previo tira y afloja. Su hijo conseguirá una parte de lo que desea y usted otra.

Muchas de las herramientas que se exponen en este capítulo se basan en la negociación: ofrecer alternativas de elección y algo a cambio, implicar al niño en la búsqueda de soluciones a los problemas, etc. La negociación entra en juego cuando el pequeño protesta al tener que marcharse de casa de su amigo, se resiste a vestirse por la mañana, se niega a compartir sus juguetes y en otras muchas situaciones de mayor o menor importancia.

He aquí dos verdades sobre la negociación:

Primera, ¡funciona!. Todos los comportamientos difíciles de su hijo tienen su raíz en el crecimiento, en su camino hacia la independencia. Cuanto más cuenta se da de hasta qué punto aprecia usted sus necesidades, de que está de su lado y de que quiere trabajar con él para ayudarle a llegar hasta donde él realmente desea llegar, mayor será su nivel de cooperación y, por consiguiente, más fácil y agradable será la actividad conjunta.

Segunda, ¡negociar es duro y lleva tiempo! La mayoría de nosotros preferiríamos no preocuparnos y dejar que las cosas se solucionen por sí solas, sobre todo porque en la mayor parte de los hogares con niños el tiempo es precisamente un elemento del que no se anda ni muchísimo menos sobrado. Lo único que queremos es que los pequeños hagan lo que queremos que hagan. Un deseo francamente razonable, más partiendo de la base de que, como buenos padres que somos, sabemos lo que les conviene y lo que es mejor para ellos. Casi nunca tomamos en consideración la posibilidad de negociar y, cuando alguna vez se nos pasa por la cabeza, nos acabamos preguntando por qué diablos tendríamos que hacerlo.

Una madre asistente a uno de mis cursos dijo en una ocasión: «¡Apenas puedo creer lo difícil que es! Para mí, es un esfuerzo titánico no caer en la tentación de discutir o amenazar». El asentimiento de los demás padres que había en la sala fue general.

Luego añadió algo más. Le bastaba con pensar en las herramientas y en recordar su funcionamiento —decirle a su hijo, por ejemplo: «Sé que no quieres que nos vayamos del parque; te lo estás pasando muy bien»— para tranquilizarse, serenar el ánimo y buscar una solución mejor que el eterno forcejeo o la reprimenda. Y poco a poco iba obteniendo mejores resultados.

Otros padres habían pasado por experiencias similares:

«Es la pausa, ese breve período de tiempo entre el sentimiento y la acción —dijo uno—, lo que me permite pensar.»

Otro dijo: «¡Tengo que reconocer que me ha costado un montón de trabajo! Pero que ha sido gratificante, porque he podido ver los cambios. Mi hija parece ser más fácil de tratar, se adapta mejor a las situaciones e incluso parece un poco más feliz que antes». Por su parte, ese padre también se sentía más competente.

Al fin y al cabo, la mayoría de las situaciones en la vida implican negociar. No conozco a nadie que sepa afrontarlas correctamente sin pestañear. ¿No es cierto que dedica todo el tiempo y energía necesarios para salvar las desavenencias con su esposa? Pues haga lo mismo con su hijo.

PREGUNTE A SU HIJO LO QUE CREE QUE HABRÍA QUE HACER PARA CORREGIR UN PROBLEMA DE COMPORTAMIENTO. INVOLÚCRELE EN LA SOLUCIÓN

Acaba de llegar a la casa de su amigo para recoger a su hijo después de una tarde de juegos y, a medida que van pasando los minutos, el niño no muestra el menor signo de estar dispuesto a dirigirse hacia la puerta. Ha sido empático con él, le ha dicho que sabe perfectamente lo mucho que se está divirtiendo y que es duro tener que marcharse, pero no ha dado resultado.

En lugar de emitir la orden final y definitiva para zanjar la cuestión de un plumazo, inténtelo de nuevo: «Ahora cogeremos los abrigos y nos iremos a casa», y luego pregúntele: «¿Cómo te parece que deberíamos solucionar esta situación? ¿Qué te haría más fácil marcharte?».

En realidad, está dando a entender al pequeño que las negociaciones están a punto de concluir y que de un modo u otro va a salir de la casa, pero que está dispuesto a escuchar alguna sugerencia que fuese de su mutua satisfacción. Después de pensar durante un momento, le pregunta si Jimmy podrá venir su casa la semana próxima. Usted responde: «Por supuesto que sí. Le llamaremos para que venga a jugar contigo». Su hijo se pone el abrigo y sale con usted.

Acaba de participar en la solución de un problema. Es capaz de cooperar.

Preguntar a su hijo lo que haría para ayudarle a resolver una cuestión es muy eficaz para prevenir futuras conductas displicentes. Si se ha pasado toda la tarde poniendo paz a las continuas peles entre su hijo y un amigo, por la noche podría decirle: «¿No te lo has pasado demasiado bien hoy, verdad? ¿Qué podemos hacer para que la próxima vez que estéis juntos no vuelva a suceder? Dame algunas ideas y así sabré lo que piensas. ¿Quieres que esté en el cuarto con vosotros? ¿Preferirías otra cosa para merendar?». Los niños menores de tres años suelen ser incapaces de pensar en soluciones; tiene que proponerles alternativas. Cuando crecen un poco más, hacen sus propias sugerencias.

Implicar al niño en las soluciones va a ser una de sus herramientas más poderosas durante unos cuantos años, hasta que su hijo o su hija adolescente ingrese en el instituto. Tanto si el problema está relacionado con negarse a ponerse los zapatos por la mañana, a cenar por la noche, a dificultades durante el juego o a sentarse para hacer los deberes escolares, cuanto más estimulado esté el niño para participar en una solución, mejor será ésta.

Los niños que tienen sus propias ideas acerca de cómo mejorar su conducta tienden a seguir sus propias decisiones. Y se sienten a gusto consigo mismos.

Pida soluciones a su hijo y se incrementará su sentido de la competencia y de la autoestima. Lo que está haciendo usted es establecer los límites, está dando a entender al pequeño que no puede continuar de aquella manera o que una determinada situación no debe volver a repetirse, pero a su vez, le está diciendo que le respeta lo suficiente como para incluirle a la hora de reflexionar sobre la necesaria mejoría de su comportamiento.

A su hijo le gustará la idea de poder hacer mejor las cosas. Su confianza en él potencia su sentido de capacidad.

Sujete a su hijo del brazo o de la mano si no tiene otro remedio —a veces es la única salida—, pero no le pegue

«Nunca pego a mi hijo —decía una madre en uno de mis grupos—. Alguna que otra vez le doy una buena palmada en el trasero. Es la única forma de llamar su atención o de que conseguir que deje de hacer algo.»

Sé muy bien lo que siente esa madre y estoy seguro de que usted también lo sabe. Ha pedido cinco veces al pequeño, dulcemente, con buenas palabras, que deje de tirar a lo loco sus guerreros de las galaxias por el dormitorio o que no atormente más a su hermanita. Pero él, como si le hablara en chino. Después las cosas van de mal en peor y la situación se precipita rápidamente: el compañero de juego de su hijo acaba con un chichón en la cabeza o su hermana pequeña deshecha en lágrimas. Llega un momento en que usted se harta de la película y piensa: «He sido razonable y delicado. ¿Qué tengo que hacer para conseguir un poco de cooperación?». Se levanta y propina una sonora zurra a su hijo en salva sea la parte para zanjar la cuestión.

Veamos ahora otro tipo de situación en la que un padre se ve inclinado a pegar a su hijo de un modo casi instintivo. Va caminando por la calle con su hijo cogido de la mano, cuando de pronto éste pega un tirón, se suelta y echa a correr directamente hacia la calle. Va tras él, horrorizado porque el hecho de saberse perseguido le hace reír y le estimula a correr más deprisa, le coge del brazo justo al llegar a la esquina y le administra unas cuantas palmadas rabiosas en el culete.

Habitualmente, los padres dan un cachete al niño porque les preocupa un peligro inminente que les está amenazando, porque se sienten frustrados o porque están impacientes, con el deseo y la esperanza de que el pequeño aprenda más deprisa.

Muchos padres no ven nada malo en estos palmetazos, mientras que muchos otros se culpan despiadadamente; he conocido a madres que, varios años después de haber pegado a sus hijos, aún lo recuerdan como si fuera ayer y se arrepienten de aquella única vez en que les dieron un azote, deseando poder retroceder en el tiempo para evitarlo.

No se preocupe demasiado por los daños que puedan derivarse de un bofetón ocasional, no provocarán ningún shock infantil en su hijo. Pero intente no pegarle nunca.

Pegar o golpear enseña al niño que es perfectamente lícito solucionar los problemas con las manos en lugar de con palabras. No olvide que los niños harán siempre lo que hagamos nosotros, aprendiendo lecciones de nuestro comportamiento. Usted no quiere enseñarle a su hijo que la fuerza física es aceptable, sino que desea ayudarle a aprender a serenarse, a permanecer bajo control y a utilizar las palabras —a gritos si es necesario— para que los demás sepan que le desagrada algo.

Ejemplifique usted mismo estas lecciones. Cuando su pequeño deba cumplir inexcusablemente sus deseos, descienda a su nivel, sujétele con firmeza de las muñecas o de los hombros, mírele a los ojos y dígale: «¡Te estoy hablando! Te he dicho lo que espero de ti. Ahora, siéntate aquí, tranquilízate y luego manos a la obra». Si el niño se niega a mirarle, dígale: «Preferiría que me miraras, pero puedes mirar a otra parte si lo deseas. ¡Debes comprender que aquí mando yo!».

Siga esta táctica la próxima vez que se vea obligado a «secuestrar» a su hijo en el mismísimo bordillo de la esquina. Es muy posible que su temor le haga gritar. Más tarde, podría explicarle por qué lo hizo y pedirle perdón diciendo: «Mira, siempre que eches a correr así y te arriesgues a sufrir un accidente, me enfadaré muchísimo y reaccionaré de formas que no nos gustan ni a ti ni a mí. Lo que no puedo permitir es que te hagas daño».

Sin pegar, puede ser severo, incluso físicamente: si le sujeta con fuerza de las muñecas o de los hombros, sin zarandearle, su hijo lo notará.

Pero recuerde: sujete, no pegue.

REACCIONE DE UN MODO RAZONABLE ANTE LAS CONDUCTAS REBELDES

Una madre, un padre y su hijo de cuatro años salieron a cenar un viernes por la noche. Zack estaba excitado por el hecho de ir a un restaurante «de mayores» con papá y mamá, y al principio todo fue bien. Pero muy pronto su nerviosismo empezó a hacer estragos: Zack esparció el contenido del salero por la mesa; luego bajó de la silla y empezó a corretear por el local. Tal y como dijo su padre, «se estaba comportando como un salvaje». Al comprobar que nada conseguía sosegarle, incluyendo un breve paseo por la calle, los padres decidieron acortar la velada.

Una semana más tarde, lo intentaron de nuevo, explicando primero a Zack que irían más temprano al restaurante porque no deseaban tener que esperar demasiado a que les sirvieran la comida y que llevarían lápices de colores y papel para que pudiese dibujar en la mesa. Pero la escena volvió a repetirse.

El día siguiente, el padre dijo a su hijo: «Zack, parece ser que aún no estás preparado para salir a cenar con mamá y conmigo. Las próximas veces que salgamos será mejor que te quedes en casa con la canguro. Te cuesta demasiado estar sentado tranquilamente con nosotros en el restaurante, pero sé que serás capaz de hacerlo cuando seas un poco mayor. Entonces, volveremos a intentarlo».

El niño protestó airadamente —en realidad, le encantaban aquellas noches fuera de casa—, pero sus padres se mantuvieron en sus trece.

Una reacción apropiada ante el caos provocado por Zack en el restaurante, acompañada de expresiones de empatía («Ya sé que es difícil para ti ahora») y con esperanzas de futuro («Llegará el día en que sabrás comportarte como es debido»).

No fue un castigo. Los padres que castigan a un niño sienten la necesidad de «enseñarle una lección» mediante alguna forma de miedo, amenaza, humillación o, como en el caso de las palizas, de dolor o malestar. Esos padres pueden conseguir una cierta obediencia momentánea, pero el pequeño tiende a olvidar lo que hizo mal y busca la menor oportunidad para desquitarse, para vengarse de papá o mamá.

Como es natural, toda infracción debe tener sus consecuencias, que casi siempre implican la suspensión de un privilegio. Como en el caso de Zack, que perdió el privilegio de salir a cenar con sus padres, lo ideal es que la reacción guarde alguna relación con la conducta inadecuada.

Algunas reacciones las adoptará *in situ* para intentar corregir un comportamiento negativo: si su hijo de tres años se niega a dejar de pegar y zarandear a un compañero de juegos, mándele al sofá de la sala de estar durante un rato, prometiéndole que podrá volver a jugar más tarde. Dado que pegar y zarandear no son actitudes autorizadas, pierde el privilegio de jugar durante un determinado período de tiempo.

Otras las empleará más adelante con la finalidad de prevenir la repetición del problema o fomentar un mayor grado de cooperación. Si durante dos tardes seguidas su hijo ha estado pegando y zarandeando a su compañero de juegos, el tercer día puede decirle: «Como ves, te ha resultado imposible no pelearte con Jessie. Por lo tanto, le pediremos que no venga a jugar durante algún tiempo. Descansaremos un poco y quizá puedas intentarlo de nuevo la próxima semana».

Compagínelo con algunas de las demás herramientas: pregunte al niño qué cree que debería hacer usted para que las cosas no se salieran de madre la próxima vez u ofrézcale algunas sugerencias, haciéndole saber que está completamente seguro de que será capaz de controlarse y de no pegar ni zarandear. La próxima vez que su amiguito venga a casa a jugar con su hijo, sométale a una vigilancia más estrecha.

Una consecuencia razonable, planteada de un modo respetuoso, sienta los límites y transmite un mensaje inequívoco. Le está diciendo al niño que su comportamiento es inaceptable y que no está dispuesto a que se repita de nuevo. Aun así, es probable que vuelva a repetirse —¡su hijo no madura tan deprisa!—, pero con su apoyo continuado, lo logrará.

Su hijo debe saber que su conducta influye en usted o en los demás. Recuérdele algo que dijo o que hizo y que hirió sus sentimientos o le entristeció

Los niños muy pequeños carecen del instinto para comprender que lo que hacen influye en otras personas. Tienen que aprenderlo, ya que es la clave de su desarrollo ético y de su formación como individuos empáticos, sensibles y cuidadosos.

Puede ayudarles en este proceso haciéndoles saber cuándo sus acciones tienen secuelas en la gente que les rodea.

Si los juguetes de su hijo están esparcidos por la sala de estar y no muestra la menor intención de cumplir su solicitud de recogerlos, podría decirle: «Hay que guardar todas estas cosas, porque es difícil caminar entre ellas. Alguien podría pisar estos bloques de construcción, resbalar, caerse y lastimarse».

Si el niño propina un empujón a la señora que va delante en el autobús porque quiere sentarse en el asiento trasero, pídale que se disculpe. Más tarde, puede decirle: «A la gente no le gusta que la empujen. Debes pedir excusas. Eso hará que la persona en cuestión se sienta mejor».

Si su hijo grita: «Eres un tonto, papá», podría replicarle: «No me gusta oír eso. Hiere mis sentimientos. ¿Y sabes qué? No me gusta jugar contigo cuando me llamas eso».

Si el pequeño ha mantenido una hermosa conversación telefónica con su abuela, dígale al día siguiente: «Esta mañana he hablado con la abuelita y me ha dicho que le encantó charlar contigo ayer por la noche. Está interesadísima en tus proyectos artísticos».

Si ha sido capaz de compartir uno de sus juguetes favoritos o acceder al deseo de su amigo para jugar a otro juego, dígale que se siente muy satisfecho de que lo hiciera, pues sabe que no era fácil. Además, su compañero también se sintió muy feliz.

Cada vez que hable con él —sin colmarle de elogios ni reprenderle— acerca del carácter positivo o no tan positivo de su conducta, le está ayudando a que se dé cuenta de que sus acciones influyen en los demás. Es una lección que aprenderá bastante bien entre los tres y cuatro años. En efecto, a estas edades debería empezar a ser capaz de tomar por sí mismo algunas medidas destinadas a corregir algo que ha hecho mal, disculpándose o, lo que es más importante, enmendándose. Si, por ejemplo, ha llenado el suelo de migas de pan tostado, debe recogerlas. Dígale: «Las migas estropean la alfombra y la suciedad impide que los demás disfruten de la sala de estar».

Cuando sea un poco mayor —incluso entre cuatro y cinco años— puede seguir avanzando en el mismo sentido. Si un compañero en el parque tiene un aspecto tristón o sombrío, pregunte a su hijo: «¿Por qué crees que Jeremy está así? ¿Qué crees que necesita para estar alegre? ¿Puedes ayudarle?». Podrían llegar a la conclusión de que al pequeño Jeremy no le gusta en absoluto su canguro y que le encantaría que le invitaran a jugar a su casa. Posteriormente, ayude a su hijo a darse cuenta de lo que ha sucedido: Jeremy se está divirtiendo como nunca y parece mucho más feliz.

A los padres de hoy en día se les ha inculcado tanto la importancia de potenciar la autoestima del niño que no se lo piensan dos veces a la hora de perdonar y reafirmar a sus hijos después de que hayan hecho algo mal, y esto es así porque intentan por todos los medios que se sientan bien consigo mismos. Sin embargo, la verdadera autoestima dimana, en parte, de un comportamiento reflexivo y responsable para con el prójimo. Ésa es la razón por la que tenemos que enseñar a los niños que lo que hacen, sea bueno o sea malo, siempre influye en los demás.

PROCURE QUE SU HIJO SEPA LO QUE VA A SUCEDER A CONTINUACIÓN. SI SABE LO QUE VA A HACER Y EMPIEZA A ANTICIPARSE A LOS ACONTECIMIENTOS, SERÁ MENOS PROBABLE QUE SE ENOJE O SE QUEJE

Para nosotros, los adultos, es difícil apreciar la intensidad con la que los niños desconocen lo que va a acontecer en un futuro inmediato y hasta qué punto les resulta desagradable esa situación.

Cuando su hijo tiene ocho o nueve meses de edad, espera y confía en que usted le alimente. Sabe que sacia su apetito con regularidad y se ha familiarizado con los sonidos propios de la preparación de la comida, de manera que si tiene la costumbre de sentarle en la sillita alta y de tenerlo con usted en la cocina, es muy probable que no se inquiete ni llore mientras espera a que esté lista la cena.

En el transcurso de los años siguientes, aumente su capacidad para anticiparse a los acontecimientos y demorar su satisfacción. Se trata de un proceso lento. Cuanto mejor se anticipe a sus necesidades, más fluido será este proceso.

Una forma de anticiparse a sus necesidades consiste en prestarle atención antes de que se desespere. Muchas veces su hijo le da la lata porque desconoce cuándo piensa dedicarle unos minutos. Es decir, no sabe lo que va a suceder a continuación y, en consecuencia, no sabe lo que debe esperar.

Una madre tenía previsto pasar un domingo por la tarde haciendo bricolaje con su marido, pero antes, dedicó una hora a su hijito. Jugaron a los trenes, a las construcciones y se lo pasaron muy bien. Al marcharse para hacer sus cosas, el pequeño estuvo a gusto jugando solo durante otra hora y media, y cuando solicitó más atención, lo hizo sin mostrarse exigente en lo más mínimo. Se sentía satisfecho por haber jugado con mamá y no tenía nada de que quejarse.

Si explica a un niño menor de tres años lo que debe esperar, lo que va a acontecer en breve, se mostrará más cooperador, ya que en realidad sólo posee un sentido del tiempo: el «ahora», además de una comprensión aproximada de lo que significa «pronto». Si describe a su hijo que después de una actividad se realiza otra, le está ayudando a que aprenda a evaluar el tiempo y a esperar el inicio de una actividad o el acaecimiento de un suceso. Si está ansioso de que llegue la hora de jugar con su amigo y pregunta constantemente: «¿Cuándo vendrá Justin? ¿Cuándo vendrá Justin», responderle «Dentro de dos horas» carecerá del menor sentido para él. Existirán muchas más probabilidades de que se serene si le dice: «Primero desayunaremos, luego nos vestiremos, más tarde podemos jugar con las construcciones, a continuación recogeremos y guardaremos las construcciones y, poco después, verás a Justin».

A medida que su hijo vaya creciendo, ayúdele a anticiparse por sí solo a los acontecimientos. Proporciónele una perspectiva a corto y largo plazo —lo que va a suceder pronto y lo que va a suceder cuando estemos en la calle—. Le servirá para poner orden en su vida, le será más fácil aprender a decir la hora y hará que se sienta más seguro. Por lo demás, puede obrar pequeños milagros reduciendo las protestas, los gimoteos y las rebeldías cotidianas.

Si sabe que mañana por la mañana habrá un ambiente frenético, por ejemplo, dígale a su pequeño esta noche: «Mañana estaremos muy ocupados. Antes de jugar, tenemos que llevar a Roger al veterinario y luego ir a comprar los pastelitos y los sombreros para tu fiesta. Si te vistes rápido, podemos desayunar juntos, ¿de acuerdo?». Si va en coche y quiere concentrarse, diga: «Pronto llegaremos al puente, tendré que detenerme y pagar el peaje. Luego tendré que decidir la carretera que voy a tomar. Os ruego silencio. Escuchad música con los auriculares y enseguida podremos seguir conversando».

Si está a punto de producirse algo fuera de lo común en la rutina familiar —pongamos por caso que mamá se marcha tres días de viaje—, es especialmente importante que cuente a su hijo lo que va a ocurrir en su vida. Poco o nada le importa saber lo que harán ustedes. Lo que le preocupa es: ¿qué sucederá conmigo? Explíquele que el viernes él y papá irán a cenar a casa de la abuela y que más tarde, aquella misma noche, llamarán por teléfono a mamá al hotel en el que se hospeda y podrá hablar con ella, que el sábado vendrá Josh a jugar a casa, y así sucesivamente.

Si su hijo sabe lo que debe esperar, se siente más controlado y, por consiguiente, se muestra más predispuesto a cooperar.

DESARROLLE EL LENGUAJE DE SU HIJO PARA QUE PUEDA EXPRESARSE MEJOR

Cuando el pequeño haya desarrollado algunas capacidades, las situaciones tensas y las discusiones disminuirán sustancialmente. Es lógico. Cuando sea capaz de ponerse los pantalones y el jersey, comer y abrir las puertas por sí mismo, no se sentirá tan inclinado a escaparse y echar a correr en plena calle o a gritar «¡No, no, no!» en un intento de descargar su frustración y reivindicar su independencia.

Una de las capacidades más significativas es, sin ningún género de dudas, el lenguaje. Los niños pequeños tienen un sinfín de deseos, pero muy pocas palabras para expresarlos, y eso es lo que produce una buena parte del comportamiento agresivo entre los compañeros y los grupos en edades preescolares.

Su hijo de dos años y medio quiere el juguete con el que está jugando su amigo. Ni corto ni perezoso, se dirige hacia él y se lo arrebata de las manos. El compañero puede reaccionar de dos maneras: echando a llorar o propinándole un sopapo y recuperando el juguete —las posibilidades son del cincuenta por ciento—. Aunque no deja de ser un comportamiento relativamente habitual entre los niños pequeños, puede aprovecharlo para enseñar a su hijo unas cuantas palabras que podría emplear en este tipo de situaciones: «Cuando quieras algo que tenga tu amigo, di: "Quiero jugar con eso"». Es muy probable que el pequeño no consiga lo que quiere en el momento en que lo quiere, pero le estará ayudando a desarrollar sus técnicas de lenguaje, enseñándole que siempre es preferible pedir las cosas que arrebatarlas de un tirón, y sentando las bases de lecciones futuras sobre el uso de las cosas por turnos.

Jamie y Molly siempre jugaron juntos alegre y pacíficamente hasta que en la casa de ésta nació un bebé, algo que le desagradó profundamente. De la noche a la mañana, sin saber por qué, cada vez que Molly jugaba con Jamie, le empujaba, le golpeaba y le quitaba los juguetes. Jamie se lo contó a su madre, la cual le enseñó algunas palabras para que las pudiera utilizar: «Si vuelve a suceder, puedes decirle a Molly: "Si me pegas, tendrás que marcharte a tu casa"». Todo siguió igual. Dos días después, Jamie y su madre acompañaron a la niña a su casa temprano, antes de que quisiera marcharse. Al día siguiente, los golpes y empujones cesaron por completo. Jamie había vencido con el lenguaje.

Un niño tranquilo y tímido al que le gustaría participar en las actividades de grupo pero que no sabe cómo hacerlo y siempre acaba manteniéndose al margen puede usar algunas palabras. Dígale lo siguiente: «Cuando quieras jugar con los demás, puedes decir: "Yo también quiero hacer esto. ¿Os puedo ayudar?", o "Voy a usar el colador mientras tú utilizas la sartén, ¿de acuerdo?"». Si tiene algo que decir, se sentirá más confiado en la escena social.

Hay otra forma de enseñar palabras a su hijo: dando nombre a sus sentimientos. Los niños pequeños pueden sentirse muy irritados por sus propias e intensas emociones. Aunque le parezca una tontería, cuando le dice: «Hoy estás muy triste, ¿verdad?» o «Estabas muy enfadado conmigo antes» o «Apuesto a que estás muy excitado y a que tienes un poco de miedo porque vas a dormir en casa de Emma», le está ayudando muchísimo.

Está etiquetando algo que para él puede parecer abrumador o indescriptible. Le da a entender que, por el simple hecho de tener un nombre, todo el mundo puede experimentar esa sensación alguna vez. Le va introduciendo en un vocabulario que puede emplear para expresar lo que pasa en su mente o en su corazón.

SUPERVISE EL JUEGO DE SU HIJO. NECESITA AYUDA PARA APRENDER CÓMO DEBE COMPORTARSE CON LOS DEMÁS NIÑOS

El juego es el trabajo del niño. Eso es algo que ya habrá oído antes y que quizá le parezca una noción extremadamente seria. Pero si piensa en el «trabajo» que hace su hijo durante los cinco primeros años de su vida: aprender el lenguaje y las técnicas de relación social, hacerse una idea acerca de cómo funciona el mundo, superar el enojo, el miedo y otras emociones, etc., no hay duda de que una buena parte del mismo lo realiza a través del juego. Y el juego, que le permite viajar hasta donde le venga en gana, es liberador y divertido.

Siendo un bebé, usted ya le introduce en innumerables juegos, desde esconderse y reaparecer para hacerle reír hasta hacer palmitas o cantar. Durante su infancia y, sobre todo, en la edad preescolar, su actividad lúdica se enriquece y adquiere complejidad, involucrando a otros niños. Es aquí precisamente donde muchos de los padres con los que hablo tienen algunas dificultades.

En primer lugar, están convencidos de que dos pequeños, siempre que dispongan de un montón de juguetes y de un entorno seguro, deberían estar solos para desarrollar sus propios juegos y solucionar sus propias diferencias, ya que así es como los niños aprenden lecciones importantes sobre la cooperación y la participación por turnos. En segundo lugar, se preocupan demasiado cuando los pequeños son incapaces de resolver sus diferencias a menos que sea a base de empellones, porrazos, arañazos, mordiscos y un océano de lágrimas, momento en el cual, papá, mamá o la canguro entra en escena para instarles a compartir las cosas.

Estas inclinaciones paternales no son del todo erróneas. Su hijo y su amiguito necesitan disfrutar de libertad para idear sus juegos y divertirse a su manera. Pero, sobre todo entre un año y medio y tres años, el niño se beneficiará y aprenderá mejor si usted está dispuesto a actuar de supervisor durante sus encuentros lúdicos.

Veamos algunas ideas que debe tener en cuenta:

Dejar que los pequeños «discutan» sobre los pormenores de una actividad o de un juguete no es una gran idea, puesto que uno de los niños casi siempre suele dominar la situación y el otro se convierte en una simple víctima.

Compartir no es algo connatural a los niños de estas edades. Son terriblemente posesivos con lo «suyo». No obstante, su falta de disposición a dejar que otro use sus cosas no significa que sean egoístas o que estén excesivamente mimados o malcriados. En realidad, esos objetos constituyen una prolongación de sí mismos.

Cuando dos pequeños se pelean por un juguete, lo más probable es que no consiga nada si pregunta: «¿Quién ha empezado» o «¿A quién le toca ahora?». Son incapaces de darle una respuesta directa. Es preferible que intente distraerles —una golosina o un nuevo juego— o que aporte sus propias soluciones (ellos no tienen ninguna) sobre la mejor manera de que ambos puedan utilizar el objeto en disputa.

A los niños les es más fácil compartir algo cuando los juegos tienen muchas piezas iguales: cuentos, pelotas, bloques de construcción, por ejemplo. A su hijo puede resultarle imposible compartir algo que es muy especial, valioso y único en su especie para él. Merece la pena poner todas esas cosas sobre un armario antes de que llegue el compañero de juegos de su hijo para evitar problemas.

Si le han servido de algo las experiencias pasadas —todos los encuentros lúdicos de su hijo y su amigo han terminado inexorablemente en discusiones acerca de quién juega con esto y quién con aquello—, programe de antemano algunas actividades en las que tengan que participar los dos, como por ejemplo, construir un collar gigante, empezando cada cual a ensartar cuentas por un extremo de la cuerda.

En ocasiones, un niño se siente infeliz no porque quiera tener un objeto determinado con el que está jugando su compañero, sino porque desea tomar parte en la actividad que está realizando y no sabe cómo hacerlo. Si uno se lo está pasando bomba atando viejos pañuelos alrededor del cuello de un osito de peluche, procure que el otro disponga de más pañuelos y de un panda igualmente de peluche.

Recuerde que es en estas ocasiones cuando debe nutrir de palabras a su hijo. Como supervisor del juego, tendrá muchas oportunidades para decirle: «No pegues a Emma. Pregúntale si puedes hacer lo mismo que ella».

CUANDO SEA POSIBLE, DESIGNE UN «CHICO MALO» NEUTRAL (ECHE LA CULPA AL HOMBRE DEL TIEMPO)

En uno de mis cursillos, una madre dijo que le aterrorizaba la llegada del frío y las mañanas de invierno. Martin, su hijo de cuatro años, odiaba tener que ir abrigado, con jersey, abrigo, gorra, bufanda y guantes, sin mencionar las botas. Desde que salían a la calle hasta que entraba en la escuela, no había día en que el niño no se encolerizara y en que no tuviese que llamarle al orden. Vestirle era una auténtica proeza. Hasta que un día, se le ocurrió aplicar esta ingeniosa táctica:

En una gran hoja de papel escribió 5, 10, 12, 15 y 25, y junto a cada número dibujó un niño con diferentes prendas de vestir según la temperatura. Con 25 °C, el muchacho llevaba un pantalón corto y una camiseta de manga corta (el atuendo ideal para cualquier día del año, en opinión de su hijo); con 5, un anorak verde con capucha, igual que el de Martin, y una bufanda de lana; y con 12, gorra, guantes y parka.

Cada mañana, Martin y su madre escuchaban el parte meteorológico en la radio, se enteraban de la temperatura que hacía en el exterior y consultaban la tabla para saber qué ropa debía llevar aquel día. Las protestas, los gritos y las reprimendas dejaron de ser un problema.

Vestir adecuadamente a los niños pequeños suele crear dificultades a muchos padres. En la sección siguiente veremos distintas formas de negociar este asunto. Me gusta la solución de la madre de Martin, porque demuestra hasta qué punto puede resultar útil algunas veces dejar que un tercero —diferente de los padres— se erija en la figura autoritaria.

Como quizá haya observado, los maestros de los niños en edades preescolares, la enfermera en la consulta del pediatra ¡o incluso su vecino! pueden conseguir la obediencia de su hijo en pequeñas cosas con mucha mayor facilidad que usted. Eso se debe a que usted es precisamente la persona con la que, por principio, el pequeño, en su camino hacia la independencia, tiene que forcejear y a la que debe oponer resistencia. Procure complicarse lo menos posible la vida y, cuando se le presente la ocasión, designe un «chico malo» neutral.

Si, por ejemplo, a su hijo le fastidia ir en coche con el cinturón abrochado, dígale: «Sé que no te gusta ponerte el cinturón, pero quiero que estés seguro cuando vamos en coche. Además, es el código de la circulación el que obliga a llevarlo puesto. Si no lo haces, a mamá le puede parar un guardia y ponerle una multa, porque así lo establece la ley. Si quieres, nos detendremos dentro de un rato para que puedas bajar y andar un poco».

En eso consiste utilizar una figura autoritaria sin recurrir a la amenaza.

Un amiga mío me contó una anécdota de cuando tenía diez años y su hermana cinco. Una noche, mientras las dos niñas jugaban en la habitación, la más pequeña arrancó la etiqueta del colchón que ponía: «Quitar esta etiqueta está penalizado por la ley» o algo por el estilo. Llorando, le dijo a su hermana mayor que la policía del colchón vendría a detenerla, y durante los días siguientes estuvo muy nerviosa esperando que llamaran a la puerta un par de agentes y contaran a sus padres lo que había hecho.

Ahora, las dos hermanas se ríen al recordarlo, pero en su día no resultó nada divertido para la chiquitina. No hay que amenazar nunca a un niño con un castigo impuesto por una figura autoritaria externa. En cambio, es bueno —y útil— recurrir a una voz autoritaria distinta de la suya para que el pequeño adquiera consciencia de que aquellas personas también están velando por su bienestar, su salud y su seguridad.

Dé la oportunidad a su hijo de poder hacer pequeñas cosas que contribuyan al buen funcionamiento de la familia

La mayoría de los padres sensatos procuran ayudar a sus hijos en todo lo que éstos intentan hacer, con el fin de que los resultados sean satisfactorios. Si se sienten frustrados y están enfadados consigo mismos porque no consiguen encajar correctamente ninguna de las ocho piezas de un rompecabezas, mamá o papá les guiarán la mano hasta completar seis y luego le aplaudirán cuando coloque las dos restantes él solo. Procuran desarrollar su autoestima ayudándole a lograr pequeños éxitos siempre que tienen la ocasión de hacerlo.

Sin embargo, hay veces en que estos mismos padres ignoran otra forma de ayudar a los niños a sentirse bien consigo mismos: darles la oportunidad de ser competentes en el marco familiar para que tomen consciencia de que son miembros importantes de este grupo de personas con las que convive.

Como he podido comprobar, son muchos los padres que saben lo positivo que resulta enseñar a sus hijos a ser responsables de sus pertenencias, y les recuerdan constantemente la necesidad de poner la ropa sucia en la cesta de la colada y de guardar los juguetes al final de la jornada. Todo eso es estupendo, aunque también lo es ensanchar el margen de su participación en el núcleo familiar. A largo plazo, cuidar de uno mismo no es suficiente; es un comienzo, pero no basta.

En las familias granjeras, en otras épocas, pero también en la actualidad, los niños empiezan a trabajar a una temprana edad, ya que es indispensable para la buena marcha de la familia, y eso hace que se sientan útiles. Pero por lo que se refiere a la inmensa mayoría de los niños de hoy en día, esa colaboración no es necesaria y, por lo tanto, no tienen la oportunidad de sentirse importantes por sí mismos. En los núcleos familiares pequeños, sobre todo, los niños realizan muy pocas tareas. Algunos estudios demuestran que cuanto mayor es el número de hijos en la familia, mayor es el número de quehaceres domésticos que se espera que pueda desempeñar cada cual. Pero aun así, el nivel de participación de los niños es mínimo.

Asigne pequeñas tareas que su hijo pueda desempeñar y de las que se pueda encargar con regularidad. Quizá pueda doblar las servilletas para la cena cada noche o poner las cucharas y los tenedores en la mesa, vaciar las sobras de los platos en la basura, llenar el cuenco de la comida del gato cada mañana o ayudar a sacar la compra de las bolsas. Cámbiele los cometidos cada dos semanas para que no se aburra y provoque una rebelión a bordo.

Los niños se sienten mejor consigo mismos y tienden a ser más cooperadores cuando creen tener un lugar importante en el hogar. Les gusta experimentar la sensación de contribuir a la mejora y fluidez del funcionamiento de la familia. Por nuestra parte, como padres, queremos que nuestros hijos sean capaces de ver más allá de sí mismos. Al fin y al cabo, eso es lo que desarrolla la moral del pequeño.

LOS NIÑOS TIENEN SU ORGULLO. NO LES HAGA QUEDAR MAL; ES PROBABLE QUE SE MUESTREN COOPERADORES SI TIENEN LA POSIBILIDAD DE DECIR LA ÚLTIMA PALABRA

Hacía tres meses que Zoe, de cinco años, iba a la guardería de una pequeña escuela privada femenina cuando empezó a mostrarse reacia cada mañana a ponerse el pichi y la blusa de rigor —el uniforme del centro—. Sus padres ya empezaban a estar hartos de la cantinela diaria. Una mañana, Zoe dijo que aquel día no tenían que llevar uniforme. Su madre le preguntó: «¿Estás segura?». A lo que Zoe respondió: «Sí. Hoy nadie debe llevar el uniforme». Mamá insistió: «Si lo he entendido bien, tú no vas a llevar el uniforme y tampoco tus compañeras, ¿correcto?». Y Zoe reiteró: «Exacto. Nada de uniformes».

Ambas salieron de casa y, al llegar cerca del colegio, vieron a las demás niñas, todas ellas con el pichi y la blusa. De pronto, Zoe dijo a su madre no sentirse muy bien, que estaba demasiado enferma para ir a la escuela y que si podían volver a casa.

La madre de Zoe le contestó: «Bueno, según parece todo el mundo lleva el uniforme. ¿Sabes una cosa? Deberías reflexionar un poco sobre este particular. Ahora iremos al baño y te lo pondrás. Lo llevo en esta bolsa. Lo he traído por si acaso».

Zoe suspiró aliviada y abrazó muy fuerte a su madre. Las dos se dirigieron a los lavabos y Zoe se cambió de ropa. Los problemas con el uniforme no volvieron a repetirse.

Esa madre hubiese podido caer en la tentación de dar a probar a su hija su propia medicina, dejando que experimentara las consecuencias de haber inventado aquella historia: ser la única niña que no iba vestida apropiadamente. Pero optó por un enfoque más delicado. Era consciente de que, en general, Zoe era una niña respetuosa que no protestaba indiscriminadamente por cualquier cosa y que, por lo que se refería a aquella cuestión, tal vez estuviese cansada de las reglas de su nueva escuela y necesitara expresarlo de algún modo y reafirmarse a sí misma. De ahí que le permitiese salvar las apariencias y le ahorrase pasar un mal rato ante sus compañeras. Es lo que se llama una situación de triunfo absoluto.

Cuando su hijo opone resistencia a algo o adopta una actitud desafiante o de extrema tozudez, no merece la pena enzarzarse en discusiones. Es preferible que cada cual regrese a su rincón del cuadrilátero. Por alguna razón se cierra en banda y se niega a hacer lo que debe hacer. Por su parte, usted cree haber sido suficientemente tolerante y no está dispuesto a ceder ni un milímetro más.

Pues bien, a menudo, ese milímetro puede dar un giro de ciento ochenta grados a la situación. Aunque el niño sabe que acabará cediendo, que acabará cooperando y adaptándose a las normas, porque tiene que hacerlo y porque en realidad quiere hacerlo, es posible que plantee una exigencia más —casi siempre pequeña, simple y tierna—, que dé un tironcito más a la cuerda. Cuando, por fin, cumple sus demandas de arreglarse para acompañarle al supermercado, por ejemplo, tal vez diga malhumoradamente: «De acuerdo, pero cogeré el perrito Snoopy... y lo llevarás tú». No es sino un esfuerzo más por decir la última palabra e «imponer» su ley. Deje que lo haga. Necesita un poco de independencia y le está pidiendo a gritos que no le humille.

En el capítulo 4 descubrirá cómo dejar que su hijo preserve su orgullo le hace más fácil cumplir sus deseos y reduce las eternas discusiones que suelen terminar en reprimendas y castigos innecesarios. Es una forma de demostrar respeto al pequeño.

APRENDA A DESCUBRIR LOS PUNTOS DE IGNICIÓN QUE DESENCADENAN LA SENSACIÓN DE «ESTOY A PUNTO DE PERDER LOS NERVIOS». TRANQUILÍCESE DEL MODO QUE LE DÉ MEJORES RESULTADOS: SALGA DE LA ESTANCIA, RESPIRE HONDO, CUENTE HASTA DIEZ O BAILE UNA RUMBA

Ésta es una escena relatada por una madre que asistía a uno de mis cursillos:

Dos mujeres paseaban por un sendero del parque de la localidad, hablando animadamente, mientras un niño de dos años corría detrás de ellas a unos quince pasos de distancia. El pequeño lloraba desesperadamente al ser incapaz de alcanzarlas. Poco después, las mujeres se detuvieron y se giraron; el niño consiguió llegar hasta ellas. Una de las mujeres lo cogió en brazos, le dijo unas breves palabras y volvió a dejarlo en el suelo. Acto seguido, ambas reanudaron el paso y el pequeño continuó esforzándose por mantenerse a su lado, llorando frenéticamente.

Los padres de nuestro grupo adivinaron el trasfondo de aquella situación, que afligió profundamente a la madre. La madre del niño le había dicho, no una, sino tres, cuatro o cinco veces, que tenía que dejar de jugar, pues debían marcharse del parque y regresar a casa. El pequeñín se lo estaba pasando muy bien allí y no le gustaba nada aquel plan. De manera que mamá, muy disgustada, y su amiga recogieron las cosas y echaron a andar para que el niño las siguiera.

Todos coincidimos en lo asustado, que debía estar al darse cuenta de que no podía alcanzarlas. Y cuando su madre se detuvo para cogerlo en brazos, ya estaba demasiado enojado como para sentirse reconfortado, reafirmado y sosegado.

Más tarde, un padre del grupo contó una historia similar de la que se sentía avergonzado. Después de una caótica y malhumorada mañana del sábado con Alice, su hijita de tres años, cuando tenían que salir de casa para hacer un recado y las protestas de la niña habían ido *in crescendo* hasta desembocar en una rabieta en toda regla, ese padre dijo: «Me voy», se puso el abrigo y se dirigió hacia la puerta. Alice corrió llorando detrás de él. ¿El resultado? Alice se calmó, dejó que papá le pusiera el abrigo y salieron de casa. El problema fue que, durante algún tiempo, la pequeña tuvo miedo de que su padre la abandonara.

Como padres, muchos de ustedes habrán pasado por esta experiencia. Se está colmando su paciencia, están francamente irritados, pierden los nervios, actúan y más tarde se arrepienten de haber obrado así.

No quieren recurrir a las reprimendas y a los gritos, porque eso les hace sentir mal y aumenta la atmósfera de enfado y de tensión. Y lo que es más importante: no desean recurrir a ninguna de las acciones —como salir a la calle a dar un paseo y refrescar las ideas, ya que sus hijos podrían creer que les están abandonando— que suelen arrancar el consentimiento de los pequeños a través de la amenaza o del miedo.

En el capítulo siguiente descubrirá diversas formas más agradables y más cariñosas con las que la madre de Alice hubiese podido estimular la cooperación de su hija. Hay algo más que puede hacer para evitar los arrebatos. Aprenda a identificar sus puntos de ignición y, cada vez que los detecte, haga un alto antes de que una situación le saque de sus casillas.

Váyase a su despacho o a su dormitorio, cierre la puerta y permanezca allí cinco minutos ordenando el escritorio o el cajón de los jerséis.

Diríjase a la cocina, ponga un poco de música y prepárese una taza de manzanilla; no tome café, es un excitante.

Elija cualquiera de los equivalentes de contar hasta diez que le resulte eficaz para serenarse y estará en unas condiciones psicológicas mucho más adecuadas para aplicar alguna de las demás herramientas que tiene a su disposición.

No olvide que es menos probable que alcance aquellos puntos de ignición si se acostumbra a reservar con regularidad un poco de tiempo libre para usted. Tómese una o dos horas para hacer algo que le apetezca. Luego afrontará a su hijo con un estado de ánimo más sereno y podrá ejercer la paternidad de un modo más positivo.

MODELE EL COMPORTAMIENTO EDUCADO DE SU HIJO. EN OCASIONES, BASTA CON DECIRLE: «LO SIENTO»

Si se ha comportado con su hijo de algún modo que le haya hecho sentir mal consigo mismo, si ha perdido los nervios y ha gritado o dicho algo que ahora lamenta, pida excusas, ya sea en el mismo momento o más tarde. El niño se da cuenta de que también los adultos, incluso los padres, se equivocan alguna vez y saben pedir perdón.

Jenny, de tres años, y su madre habían acordado que la niña podría contestar al teléfono una tarde, preguntar quién es y luego pasarle el auricular. Mamá estaba esperando la llamada de una tía de Jenny. Al sonar el teléfono, la pequeña respondió, pero se negó a pasar el auricular a su madre. Al final, ésta no tuvo más remedio que arrebatárselo de un tirón, muy enojada, dando lugar a un breve combate de golpes y empujones entre ambas.

Al terminar de hablar, la madre de Jenny, que ya se había tranquilizado, dijo a su hija: «Siento mucho haber hecho esto. No tenía ningún derecho a quitarte el teléfono y a empujarte. Pero es que me has puesto muy nerviosa. Las dos tenemos que enmendarnos. Te prometo controlarme más y, por tu parte, deberías intentar no sacarme de mis casillas».

Más tarde, Jenny dijo: «Te creo problemas, mami, pero te quiero mucho». Y mamá le respondió que también la quería mucho.

Veamos otro ejemplo de una situación que podría exigir una oportuna apología:

Acaba de llegar a casa después de un horrendo día de trabajo, está empapado por la lluvia —¡no había un solo taxi libre en todo el planeta!— y tiene un humor de perros. Su hija corre hacia usted, risueña y feliz, se agarra de su pierna —calada hasta el hueso— y no quiere soltarle. Usted le dice, con un evidente tono molesto en la voz: «Samanta, suéltame enseguida, ¿vale? Ve dentro y juega. Ahora no puedo cogerte en brazos». La niña se marcha desanimada.

Todos tenemos días funestos. Si es capaz de acercarse a su hijita y decirle: «Cariño, siento haber estado de tan mal humor. He tenido un día terrible y necesitaba tomarme un descanso. No tenía que haberme comportado de aquel modo, pero no ha sido por tu culpa», ambos se sentirán mucho mejor. (Algún día, andando por la calle, quizá ella le diga: «Estás de muy mal humor y sé que no es por algo que haya hecho. ¿Tuviste un mal día en el trabajo?». ¡Conozco a un niño que dijo exactamente eso! Cuando su hijo sea capaz de empatizar con usted, entonces sabrá que ha estado haciendo bien las cosas.)

Lo más importante es que está modelando una conducta educada.

En algún momento durante la última etapa de estos cinco primeros años, su hijo puede empezar a comprender y, con frecuencia, a poner en práctica unos buenos modos básicos, cuya esencia consiste en respetar a los demás. Le ayuda a aprender buenas maneras y a comportarse con educación cuando le demuestra respeto: escúchele —pero escúchele de verdad— cuando le habla; preséntele cuando encuentre a un amigo por la calle; diga por favor y gracias a él, al resto de la familia y a los demás. Y si le hizo algo que no pretendía hacerle y se arrepiente de ello, dígale: «Lo siento».

PARA ATENUAR RÁPIDAMENTE UN PROBLEMA, DÉ MARCHA ATRÁS. DIGA: «EMPECEMOS DE NUEVO» O «VAMOS A BORRAR EL ENCERADO»

Es una sencilla herramienta para ocasiones especiales que actúa a modo de hechizo.

He aquí un ejemplo: durante todo el día se ha portado usted como un padre modélico, pasando una buena parte del tiempo con su hijo; le ha llevado al parque, han jugado con los muñecos en el suelo y le ha comprado una bolsa de ganchitos al queso —le encantan—. Pero, curiosamente, el niño ha estado de mal humor y nada le parecía adecuado. Ha tenido un par de minirrabietas y no ha parado de lloriquear.

Por lo que a usted respecta, ha puesto en práctica todo su arsenal de herramientas. Se ha mostrado empático hasta la saciedad, le ha ofrecido alternativas de elección, le ha permitido salvar su orgullo y le ha asegurado —le ha dado esperanzas— que mañana vería las cosas de un modo más optimista. Más enfurruñamientos, más gimoteos... hasta darse cuenta de que estaba dándose cosco-rrones contra una pared de hormigón.

Por la noche, el pequeño entra en la cocina y empieza a que-jarse: «Me has dicho que jugaríamos con el tren eléctrico». Usted le responde, controlando aún su paciencia: «Ahora tengo que ha-cer la cena. Ve a tu cuarto y mira un cuento hasta que haya termi-nado». El niño insiste: «¡No quiero! ¿Por qué tienes que hacer eso?». De repente, no puede más y estalla: «¡No estás solo en esta casa, ¿sabes?! He estado todo el día contigo, tengo otras cosas que hacer y no puedo dejarlas sólo porque a ti se te antoje». Se en-cuentra en un callejón sin salida. No consigue avanzar en ningún sentido, y cada frase que dice empeora las cosas: el pequeño pata-lea más y usted pierde progresivamente los estribos.

Es ahora cuando debe echar marcha atrás. Deténgase y diga: «¡Hasta aquí hemos llegado! Tendríamos que empezar de nuevo. Borremos el encerado y partamos de cero». Una solución eficaz.

En uno de mis cursillos, una madre empleó esta herramienta más de una vez con su megadinámica hija de cuatro años. Con una sonrisa, contó la siguiente historia: un día —interminable día, por cierto—, su pequeña estuvo realmente insoportable, protestando por todo, y para acabar de rematar la situación, tenía un insufrible dolor de cabeza. Aquella noche, mamá fue a su dormitorio con la intención de echarse en la cama durante unos minutos. La niña la siguió, acuciándola con nuevas quejas, hasta que al final la madre no pudo contenerse y gritó: «¡Me has hecho la vida imposible du-rante todo el día! ¡No soporto estar un segundo más en la misma habitación contigo! ¡Sal de aquí! ¡Márchate inmediatamente!». La niña la miró fijamente durante unos instantes y luego dijo: «Mami, borremos el encerado». Fue entonces la madre la que miró fija-mente a su hija y respondió: «Tienes razón, cariño. Borremos el encerado y empecemos de cero».

Lo que va, viene; lo que sube, baja. Es una buena herramien-ta no sólo para los padres, sino también para los hijos.

Si su hijo está atravesando una etapa en la que resulta imposible convivir con él, ¡pida ayuda! «Factúrelo» al campo con sus abuelos durante un fin de semana, contrate canguros, procure que su cónyuge se implique más. Necesita tomarse un respiro

El padre de un niña de tres años y medio afirma que, reciente-mente, su hija ha dejado de ser un dulce sueño para convertirse en una auténtica pesadilla. Por la mañana, cuando todos están relati-vamente descansados, las cosas funcionan bastante bien, pero a medida que avanza el día, la vida con Charlotte se va complican-do progresivamente. La hora del almuerzo constituye una incóg-nita diaria —una guerra sin cuartel— sobre si va a dignarse a co-mer o no, y por la noche, otra incógnita-guerra, esta vez sobre el número de cuentos que habrá que lcerle para que la pequeña se sienta satisfecha.

Cuando papá anuncia a Charlotte que es la hora de lavarse los dientes y de acostarse, la niña se limita a decir: «No quiero», y cuando no le apetece seguir coloreando un dibujo o construyendo un castillo, grita: «¡No! ¡No lo haré!».

Cuando su padre empieza a guardar los blocs para colorear y los lápices por la noche, la pequeña chilla y patalea.

El buen hombre utilizó todas las herramientas, aunque ningu-na de ellas hizo mella en su encolerizada hija, una niña con la que cada vez era más difícil convivir, hasta el punto de que cuando Charlotte empezaba a armar un jaleo, aquél se limitaba a decirle serenamente: «No tengo ninguna intención de escuchar todo este griterío», abandonaba su dormitorio y cerraba con llave.

Después de varias semanas del mismo tenor, papá tuvo una idea brillante. Dijo a su hija que, dado que las cosas no estaban marchando nada bien por las noches, lo mejor para ambos sería contratar una canguro para que estuviese con ella desde la hora de cenar hasta que se fuese a la cama. Y fue así como contrató los servicios de una adolescente de la vecindad, la cual tuvo muchísimo más éxito que él con la pequeña (en general, a los niños les resulta más fácil cooperar con un tercero distinto de los padres). El padre de Charlotte extrajo las oportunas conclusiones de su cambio de comportamiento y explicó a la canguro lo que quería conseguir (otras dos herramientas), que obraron maravillas en la niña.

Es probable que, de vez en cuando, en el transcurso de los primeros años de vida de su hijo... ¡necesite alejarse desesperadamente de él! Incluso los niños dulces pueden atravesar etapas insoportables, sobre todo entre los tres y los cuatro años y medio.

Todo pasa. Nada dura eternamente.

Por su parte, no se obsesione. Ni es un mal padre ni está haciendo nada malo.

Intente, si es posible, trasladar las responsabilidades rutinarias a otra persona durante algún tiempo. No todo el mundo está en situación de contratar una canguro diaria; quizá pueda pedir a su cónyuge que se implique más a fondo en la educación del niño o tal vez su hermana estaría dispuesta a que su pequeña sobrina pasara un largo fin de semana en su casa.

El hecho de hacer una pausa, un breve interludio de «descanso» en las relaciones que mantiene a diario con su hijo no significa, ni mucho menos, que sea usted una nulidad como padre ni que esté fracasando como tal.

UTILICE UN POCO DE HUMOR, TEATRO O EXAGERACIÓN PARA CONSEGUIR ALGO. SEA EXTRAVAGANTE SI ES NECESARIO; ASOMBRARÁ Y MARAVILLARÁ A SU HIJO

Cuando todo parezca resultar ineficaz, recurra al teatro para conseguir sus propósitos. Es su única oportunidad de ser un actor. Siempre que no caiga en el sarcasmo o el desaire, una reacción dramática, exagerada, tiene muchísimas probabilidades de captar la atención de su hijo de un modo positivo.

Si lleva tres horas detrás del pequeño —sin éxito— para que ordene su caótico dormitorio, póngase debajo del umbral de la puerta, entrelace crispadamente las manos y exclame: «¡Oh, Dios mío! ¿Cómo podría volver a entrar en esta habitación? ¡Ya lo tengo! ¡Eso es! Me pondré las botas y así podré caminar entre este amasijo de cosas desordenadas».

Si ha anunciado tres veces a su hijo que la cena está lista, diga en voz alta, con un tono patético: «¡Me estoy muriendo de hambre! ¡Qué hambre teeeengo! ¡Voy a desmayarme de tanta hambre y Kurt no quiere venir a cenar! ¿Qué voy a hacer? ¿Qué voy a hacer, Dios mío?».

Está sugiriendo una idea. Sobre todo si usted y su hijo se han visto envueltos en más batallas y desafíos que de costumbre, un cambio de panorámica de este tipo puede romper la tensión que existe entre ambos. Coge al pequeño por sorpresa, ¡no es así como esperaba que reaccionase!

A los niños les encanta que los padres hagan bobadas y se comporten de forma divertida.

PLANIFIQUE ENFOQUES CONJUNTOS CON SU CÓNYUGE

Usted y su cónyuge no siempre van a estar de acuerdo sobre la manera de enfocar la paternidad. Cada cual aporta a la experiencia de ser padre su propio historial familiar y eso puede hacer que cada uno desee hacer cosas lo más parecidas posibles o completamente distintas a las que en su día hizo su padre o su madre.

La mayoría de los padres que conozco quieren ser más cariñosos y más democráticos con sus hijos de lo que, a su modo de ver, fueron con ellos sus propios padres, a pesar de que en ocasiones ni siquiera con esta respuesta más cariñosa y democrática consiguen resolver todos los problemas. Una vocecita en su interior les dice: «Aunque a mí no me trataron así y mis padres no fueron tan tolerantes, sobreviví. Mi hijo también lo hará».

Es posible que usted y su cónyuge también dediquen una cantidad dispar de tiempo a su hijo o hijos. Quizá mamá sea la que siempre se cuide de la comida, del baño y de las visitas al pediatra, y que papá los acompañe a la guardería y les cuente un cuento al acostarse. En una ocasión, una madre que asistía a uno de mis cursillos dijo: «Las mujeres piensan en la casa como en una oficina, mientras que los hombres piensan en ella como en un parque infantil». Del mismo modo, cada miembro de la pareja podría tener una versión ligeramente diferente del mismo niño.

Sin embargo, siempre que sea posible y, sobre todo, cuando estén tratando de corregir una determinada conducta negativa, procuren planificar enfoques conjuntos.

Si, por ejemplo, su hija de tres años suele intentar soltarse cuando va por la calle, y usted y su cónyuge la llevan al parque un sábado por la mañana, pónganse de acuerdo de antemano en lo que van a hacer para conseguir que se acostumbre a ir cogida de la mano. No se trata tanto de evitar que la niña haga algo, como de enseñarle lo que puede hacer o debería hacer.

Luego, pongan en juego, disfrute y use sus puntos fuertes o inclinaciones como padres. Es fundamental que cada uno de los miembros de la pareja sepa aprovechar la naturaleza complementaria del otro.

Supongamos que durante veinte minutos de juego dirigido por su hija, todo lo que pequeña quiere hacer es que las muñecas Barbie hablen las unas con las otras con vocecitas chillonas, y que después de dos días de jugar a lo mismo, está en un callejón sin salida. Si ya está harto de jugar a las Barbies parlanchinas pero su cónyuge cree que es divertido, deje que sea él quien siga adelante.

Conozco una madre a la que no le gusta demasiado llevar a su hijo al parque, pero le encanta hacer largas excursiones con él y llevarlo a visitar museos. Por otro lado, a su marido le divierte muchísimo pasar las tardes de los fines de semana con su pequeño en el parque. «Es el perfecto padre de banco de parque —dice la madre—. ¡Disfruta una barbaridad observando cómo juegan los niños e intercambiando trucos y opiniones con los demás padres sobre cómo hay que educar a los hijos!»

Desde hace tiempo, el trabajo y las vacaciones han copado toda su atención. ¿No cree que ya va siendo hora de que le diga a su cónyuge que está listo y dispuesto a estar con su pequeño y ocuparse de él? Una madre que asistía a uno de mis grupos de trabajo comentó que sus dos hijos siempre se habían portado fatal en las grandes reuniones familiares que se celebraban en su casa, hasta que planificó algunos enfoques conjuntos con su esposo. «Se me ocurrió —dice— que quizá se comportaran de una forma tan desagradable porque les ignoraba casi por completo durante los dos o tres días previos al inicio de las vacaciones, en los que reinaba un intenso ajetreo debido a los preparativos.» Ahora, en los momentos de máxima saturación de trabajo doméstico, su marido pasa más tiempo con los niños, cuyo comportamiento ha mejorado notablemente.

Conocí a un padre que cuando llegaba a casa por la noche, al término de la jornada laboral, estaba ansioso por jugar con sus dos hijos —al igual que muchos padres, es decir, de un modo frenético y combativo—. Los pequeños se excitaban tanto que les resultaba muy difícil tranquilizarse lo suficiente como para conciliar el sueño. Harta ya de esta situación, mamá decidió hablar seriamente del tema con su esposo: «Tú quieres estar con los niños y ellos quieren estar contigo, lo que me parece estupendo. Pero se ponen demasiado nerviosos con tanta acción. Podríamos dejarles que se quedaran jugando contigo hasta más tarde un par de días a la semana y yo me encargaría de que hicieran una larga siesta por la tarde». Luego dijo a sus hijos: «Escuchadme los dos, si queréis acostaros un poco más tarde y jugar con papá deberéis hacer la siesta. Así, os lo pasaréis en grande con él y a la mañana siguiente no estaréis cansados».

Es muy probable que usted y su pareja no siempre consigan formar un frente unido ante su hijo, pero por lo menos deberían hablar de sus problemas de comportamiento y ponerse de acuerdo en la manera de enfocar cada situación. Los enfoques conjuntos dan buenos resultados porque no crean confusiones en el niño; se da cuenta de que los puntos de vista de papá y mamá son coincidentes, que esperan de él la misma conducta y que desean ayudarle a desarrollarla. En consecuencia, no siente la tentación de intentar dividirles y conquistarles provocando su enfrentamiento.

LOS CAMBIOS EN EL COMPORTAMIENTO —SUYO Y DE SU HIJO— LLEVAN TIEMPO. RECUERDE QUE MAÑANA SERÁ OTRO DÍA, QUE SEGUIRÁN ESTANDO JUNTOS Y QUE LA PRÓXIMA SEMANA SERÁ, SIN DUDA ALGUNA, OTRA SEMANA

Es muy habitual que en mis cursillos los padres expongan algún problema de conducta relacionado con su hijo y que cuenten cómo utilizaron las herramientas: cambiaron el «no» por el «sí», le ofrecieron alternativas de elección o le proporcionaron palabras para que pudiera comunicarse mejor. También es habitual que a continuación añadan: «Pero no funcionó». Los lloriqueos o las parsimonias se prolongaron durante otra media hora, suelen decir, o el niño —de cinco años, pongamos por caso— volvió a sacudir a un pequeñajo de tres en la escuela, al día siguiente.

Pero el hecho de que las protestas o la conducta negativa no finalizaran de inmediato no significa que la herramienta fuese ineficaz. El niño que no consigue lo que quiere en un momento determinado queda muy contrariado y se enoja —tal vez monte en cólera y se enfurezca—. Necesita sentirse comprendido por su progenitor. El niño que experimenta el deseo de golpear tendrá problemas para controlar estos impulsos.

En realidad, cuando los padres que afirman que la herramienta fue un fracaso siguen hablando de ello, suelen llegar a la conclusión de que alguna cosa no fracasó, de que hubo algo que sí dio resultado.

La madre cuyo pequeño siempre exige un cuento más antes de apagar las luces, se mantuvo firme y no se doblegó ante los caprichos del niño, por mucho que éste chillase y armase un gran alboroto, limitándose a decirle que ya era muy tarde y que lo leerían mañana.

El padre que enseñó unas cuantas palabras a su hijo para que pudiera comunicarse en lugar de pelearse constantemente a tortazo limpio dice que en una ocasión el niño, superada la etapa preescolar, le confesó: «Ahora sólo le atizo a alguien un par de veces al día».

Es posible que los lloriqueos o los cachetes se repitiesen de nuevo, pero aquellos padres dieron un paso adelante, aproximándose más a la consecución de un cambio real. Y después de dos, tres o cuatro intentos, las probabilidades de que el comportamiento negativo desaparezca son excelentes.

Por otro lado, debe estar preparado para cambiar de velocidad. Si una herramienta no le está conduciendo a ninguna parte, pruebe otro enfoque. En el capítulo siguiente descubrirá que la corrección de una conducta negativa suele consistir en un proceso de múltiples etapas. De vez en cuando, puede suceder que nada dé buenos resultados, en cuyo caso debería decirle a su hijo: «Siento mucho que tanto tú como yo seamos tan infelices. Pero ¿sabes qué? Estoy seguro de que mañana las cosas irán mejor». ¡Déle una esperanza! ¡Dése, también usted, una esperanza!

No hay nada de malo —a decir verdad, puede ser muy positivo— en que su hijo sepa que a usted también le resulta duro cambiar. Dígale: «Me sentí fatal cuando perdí los nervios contigo esta tarde y empecé a gritar. Procuraré por todos los medios que no vuelva a suceder». De este modo, el niño aprende que, en ocasiones, también usted necesita comportarse mejor y que se está esforzando para lograrlo. Aprende que siempre existe una segunda y una tercera oportunidad, tanto para usted como para él.

Cambiar lleva tiempo. Y recuerde: mañana, ambos —usted y su hijo— seguirán aquí. Es una noción muy sencilla pero al mismo tiempo muy útil.

Capítulo 4

LAS HERRAMIENTAS EN ACCIÓN, POR EDADES Y ETAPAS

Cómo prevenir, corregir y fomentar... y qué hacer cuando lo que está haciendo no da resultado

En este capítulo le demostraré que las herramientas son eficaces en la mayoría de los habituales enfrentamientos de poder que se producen entre padre e hijo. A menudo, he incluido diálogos a modo de ejemplo, pero recuerde que lo importante no son las palabras, sino que utilice herramientas que funcionen, que las aplique a sus propias situaciones y que las exprese a su manera y en sus propios términos.

Para cada una de estas situaciones, incluyo un breve resumen de sus antecedentes para ilustrar la causa que motiva el comportamiento del niño, comportamiento que, por otro lado, a usted le resulta difícil de entender. En mis cursillos, muchas veces aconsejo a los padres que piensen en cómo solucionan los misterios Sherlock Holmes o Nancy Drew. Al investigar lo que subyace detrás de una determinada conducta de su hijo, pueden ocurrir dos cosas:

Primera, que descubra una clave que le permita saber cómo debe actuar a continuación. Tanto si el niño pega a un compañero movido por el enfado y la frustración como si lo hace como consecuencia de un exceso de alegría y excitación, en ambos casos deberá poner fin a su comportamiento, aunque la forma de abordar el problema puede diferir ligeramente.

Segunda, al saber por qué su hijo está haciendo algo que usted no desea que haga —y que casi siempre hace para satisfacer una necesidad, no para fastidiarle—, las situaciones concretas tienden a afectarle menos y, por consiguiente, existe una menor probabilidad de que caiga en la tentación de poner en marcha el típico sistema de estira y afloja (¡que podríamos definir como decir lo mismo cuatro veces seguidas, aumentando paulatinamente el volumen de la voz y la vehemencia!).

Una parte de la recompensa derivada de poner en práctica estas «soluciones» estriba en no tener que seguir repitiendo las mismas cosas eternamente. Al poco tiempo, ya no deberá utilizar las herramientas con tanta frecuencia. Las conductas y las relaciones se irán suavizando.

Si, por ejemplo, sus preocupaciones están relacionadas con las comidas y aplica la rutina de ofrecer alternativas de elección, de implicar a su hijo en la solución, de extraer consecuencias razonables de cada conducta, etc., y la pone en práctica tres o cuatro veces, las guerras gastronómicas no tardarán en remitir, hasta llegar el día en que no tenga que volver a recurrir a ella ni en el almuerzo ni en la cena.

Si conseguir que su hijo se prepare para regresar a casa después de haber estado jugando toda la tarde con su amigo siempre ha sido una fuente de conflictos, pruebe algunas de las sugerencias —establecer límites, pedir excusas, dejar que diga la última palabra, etc.— y pronto será capaz de conseguir la cooperación del niño con una mínima parte del esfuerzo habitual.

Su hijo se da cuenta de que usted no está dispuesto a retroceder, que lo dicho va a misa y que no le queda más remedio que ajustarse al programa, pero también que usted está intentando adaptarse a él y ayudarle. Y eso lo cambia todo. Cuando la disciplina positiva o, si lo prefiere, democrática entra en funcionamiento, ocurren tres cosas: elimina o, por lo menos, reduce drásticamente las discusiones y las reprimendas (lo que hace que todos sean más felices); persuade a su hijo para que haga lo que quiere o necesita que haga; y muy pronto se consigue el objetivo con una fatiga y una pérdida de tiempo infinitamente menores.

Tenga en cuenta que quizá pueda poner fin a las discusiones en una o dos áreas, pero no en las demás. Tal vez desaparezcan las luchas a la hora de la comida, pero que por mucho que lo intente no consiga hacer mella en aquel «¡No quiero ir a la cama!» tan característico de la escena nocturna, o viceversa. Tenga paciencia. No olvide que mañana será otro día. Si no pierde de vista las herramientas en ningún instante y logra reducir las luchas de poder en un sesenta y cinco por ciento del tiempo, considérelo un éxito.

Y disfrute de los progresos que está haciendo su hijo... ¡y también usted!

En una ocasión, una madre dijo estar exhausta de argumentar inútilmente con su obstinada e hiperactiva hija. Una de sus principales dificultades diarias acontecía a la hora de vestirse: ¿estaría dispuesta a ponerse la ropa que le he preparado o se negaría en redondo? ¡He aquí el eterno enigma matutino! Al final, la pobre mujer puso en práctica algunas sugerencias que plantearemos más adelante en este capítulo y los problemas se disiparon casi por completo. Madre e hija continúan chocando en otras áreas, pero el sentimiento de camaradería y de trabajar juntas en el ámbito del vestir han contribuido a mejorar su relación.

Desde entonces, las mañanas fueron mucho más agradables, comentó más tarde la madre, pues podía iniciar el día sin tener la sensación de estar preparándose para librar un combate sangriento. Descubrió que su hija podía cambiar y que ella era más eficaz a la hora de ayudarla. He aquí la otra recompensa: utilice las herramientas, consiga algunos triunfos y reducirá el nivel general de fricción con su hijo. ¡Se querrán más y la vida será mucho más alegre!

CUANDO SU HIJO
DE 6 MESES A 1 AÑO...

COGE OBJETOS
PELIGROSOS O FRÁGILES

Situación: Su hijo de diez meses, que da sus primeros pasos alrededor de la mesita de la sala, sujetándose como puede de lo que encuentra a su paso, arremete súbitamente contra ella y hace saltar por los aires la cafetera, derramando su contenido.

Trasfondo: Para el chiquitín todo es nuevo en su entorno, todo está repleto de objetos extraños y maravillosos que le llaman la atención. Quiere tocarlo, cogerlo e investigarlo todo, sin ser consciente, naturalmente, de lo que se puede romper, de lo que es valioso para usted o de aquello con lo que se puede hacer daño.

¡La primera regla consiste en someterle a una vigilancia constante! Es fundamental que cuando el niño empiece a desplazarse por sí solo, esté alerta por si coge algún objeto peligroso o frágil.

Si no le queda otro remedio que impedir que alcance algo o quitarle alguna cosa de las manos, déle algo a cambio inmediatamente. Coja la cafetera y ofrézcale un vaso de plástico que pueda tener en sus manos y golpear contra el suelo.

Uno de los «objetos frágiles» que a su pequeño le encantará coger es su pelo. La escena es muy habitual: lo tiene en brazos y, de pronto, le agarra un mechón y tira fuerte de él. También puede apretarle, arañarle y tirarle de la nariz o de las mejillas. Mantenga alejadas sus manitas de la cabeza, póngaselas alrededor del cuello y dígale:

> «¡Ay! Me duele cuando me aprietas la cara. ¿Por qué no me abrazas? ¡Qué bien! Me gusta muchísimo que me abraces. Ahora yo también te daré un gran abrazo.»

Si se siente fascinado por sus gafas, como suelen estarlo la mayoría de los niños pequeños, e intenta quitárselas, cójale la mano y dígale:

> «Son las gafas de papá. No se juega con ellas. Vamos a buscar algo para ti.»

En este sentido, unas gafas de sol de plástico pueden constituir un excelente sustituto.

Herramientas: Controle la conducta de inmediato: no deje que su hijo le quite las gafas, tire las cafeteras, despunte lápices o toque cualquier otra cosa que pudiera lastimarle o romperse. Déle algo a cambio y luego elogie su nuevo comportamiento. Es interesante saber que a estas edades el niño probablemente se sentirá satisfecho enseguida con la alternativa que le haya dado, sobre todo si le anima haciendo hincapié en lo mucho que se está divirtiendo y en lo bien que lo sujeta. Cuando sea un poco mayor o esté más resuelto a conseguir lo que quiere, no será tan fácil desviar su atención.

SE LLEVA A LA BOCA TODO LO QUE COGE

Situación: Gateando por la alfombra de la sala, su hijo descubre un posavasos de cartón que alguien mandó inadvertidamente debajo de la mesa de un puntapié, lo coge y empieza a morderlo.

Trasfondo: Los posavasos de cartón, las llaves, la correa del perro, los juguetes, los alimentos y, en general, cualquier objeto que el niño pueda coger o encontrar por el suelo irá directamente a la boca. Es la primera regla de la investigación: primero las manos y después la boca, para saber qué tacto tiene y a qué sabe.

Una vez más, la vigilancia de los padres es esencial. Examine con regularidad el pavimento y las superficies que estén al alcance del pequeño para descubrir y recoger o fijar cualquier objeto de tamaño reducido. Asegúrese de que todo aquello con lo que el niño pueda jugar tenga un mínimo de 3 × 3 cm. Puede tragar cualquier pieza más pequeña.

Asimismo, recuerde que la visión del mundo que tiene su hijo es como la de un gatito. Encontrará objetos que usted no tenía ni idea de que estaban allí, como por ejemplo las tuercas debajo de una mesita de café o las chinchetas de la tapicería debajo del asiento de una silla.

Durante una sesión de mis cursillos, mientras los padres hablaban y no le prestaban demasiada atención, un niño de diez meses se dedicó a aflojar un tornillo de una silla con el pulgar, lo soltó y cuando estaba a punto de llevárselo en la boca, su padre se levantó de un salto y gritó:

«¡Eh! ¡Eso no se come!»

Cogió el tornillo e inmediatamente le dio algo con lo que pudiera jugar y meterse en la boca: un gran tornillo de plástico de su caja de herramientas de juguete.

A otro pequeño le gustaba sentarse en el suelo junto a la silla de su madre y morder los zapatos. Cuando ella se los quitaba, empezaba a hacer lo propio con el tobillo. También quería coger el vaso que mamá tenía en las manos. Pensó que había llegado el momento de encontrar un buen sustituto que, al mismo tiempo, desviara su atención de los zapatos y el tobillo que tanto le atraían. Le dio dos vasos de plástico con los que Michael fingía verter el contenido de uno en el otro. Su madre elogió lo bien que los sostenía y los vertía. Esa actividad le mantuvo distraído durante algún tiempo.

Herramientas: Lo más importante es, en primer lugar, velar por la seguridad de su hijo, poniendo fuera de su alcance cualquier objeto pequeño, peligroso o sucio que pudiera llevarse a la boca. Y en segundo lugar, ofrecerle algo a cambio; si es posible, algún objeto cuyo aspecto o tacto se asemeje al que le ha quitado. Por último, no olvide elogiar el nuevo comportamiento.

ESCUPE O TIRA LA COMIDA

Situación: Acaba de meterle una cucharada de guisantes en la boca y salen disparados. Luego, tira al suelo las rodajas de plátano por el lateral de la bandeja de la sillita alta.

Trasfondo: No se lo tome a pecho. Cuando se introduce la alimentación sólida en la dieta del niño, entre los cinco y seis meses, su textura le parece muy diferente de la que está acostumbrado —quizá le guste, quizá le sorprenda, quizá le desagrade—. Un modo de explorar o de manifestar su desaprobación consiste en escupir. También lo hace si cree que no va a comer nada más.

Asimismo, hacia finales del primer año, el pequeño ya es capaz de coger cosas y tirarlas, y cualquier alimento que coja con las manos es muy probable que salga volando.

No conseguirá nada si le dice que no escupa. Déle de comer en un lugar en el que no le preocupe demasiado la suciedad. Coloque un hule debajo del asiento.

Cuando el niño empiece a tirar la comida, dé por terminado el ágape. Sea como fuere, no se pierde nada recordándole:

«Los alimentos son para comer. Las pelotas, para tirar.»

Déle muchas oportunidades de lanzar cosas, tales como objetos de plástico y pelotas de espuma. También puede atar a la sillita alta, con tiras de plástico, pequeños juguetes o pelotas para que pueda tirarlas fuera de la bandeja. Luego, bastará con volver a colocarlas encima.

Herramientas: Sustituya y elogie su nuevo comportamiento: **«No, los plátanos no se tiran, pero puedes tirar la pelota... ¡cómo te diviertes con esta pelota!».** Incluya un **«sí»: «Los alimentos son para comer».**

HACE RUIDOS SONOROS O SONIDOS REPETITIVOS

Situación: Ha ido a comer a un restaurante con su hijo de once meses, cuando, sentado alegremente en su cochecito, empieza a hacer ruidos sonoros y a dar chillidos. Él se lo está pasando bomba, pero usted y los demás comensales no.

Trasfondo: A esta edad, los niños descubren que son capaces de emitir todo tipo de sonidos interesantes, y gozan muchísimo haciéndolo... durante largos períodos de tiempo.

¡No lleve a su hijo a un restaurante mientras se halle en la fase de ruidos sonoros! Sería demasiado duro obligarle a bajar el volumen justo cuando acaba de descubrir su aguda voz. Por otro lado, tal vez se sienta tentado de llamar su atención y tranquilizarlo con un susurro o hablando en voz baja, pero lo más probable es que no consiga nada. Déjele jugar a sus anchas con su vocecita en un lugar donde no moleste a nadie (excepto quizá a usted), como por ejemplo en casa, en la playa, etc.

Al hijo de unos padres que participaban en uno de mis cursillos le encantaba soplar y hacer vibrar ruidosamente los labios —un tremendo «brrrrr»—, ¡y podía estar así durante una hora!

Una vez más, para el niño constituye un descubrimiento extraordinario su capacidad de emitir sonidos curiosos, y le fascina repetirlos continuamente. Por lo tanto, si cree poder soportarlo, permítale que disfrute tanto como quiera.

Herramientas: **Si es posible, elogie su capacidad para emitir sonidos. Si los hace en un restaurante o en otro lugar donde pueda molestar a la gente, ofrézcale algo a cambio y recanalice su atención con otro sonido (repiqueteo, traqueteo, etc.) o con cualquier otro objeto con el que también pueda hacer ruidos, aunque más moderados.**

QUIERE CAMBIAR DE ACTIVIDAD
CADA DIEZ MINUTOS

Situación: Ha puesto a su hijo en el parque con todos sus peluches, confiando en poder disponer de un poco de tiempo para hacer un par de llamadas telefónicas. Pero a los diez minutos, el pequeño vuelve a llorar y armar jaleo con el propósito de llamar su atención.

Trasfondo: Es duro, pero hay que aceptarlo. Durante el primer año de su hijo, no espere poder hacer demasiadas cosas durante el día excepto cuando hace la siesta. Necesita y exige un cambio constante de actividades. Como máximo, se mantendrá distraído durante diez minutos con cada una de ellas, y luego requerirá nuevamente su atención —diez minutos es el lapso de tiempo más usual—. Y si además, no ha dormido bien por la noche y usted no ha podido descansar, se sentirá especialmente irritable por tener que estar al servicio del niño durante las veinticuatro horas del día.

He aquí algunas ideas sobre lo que puede hacer cuando su hijo quiere —y, por lo general, necesita— cambiar de actividad cada diez minutos:

- Póngalo en la mochila, delante o detrás, y háblele mientras se desplaza por la casa y se ocupa de las tareas domésticas. De este modo, estará siempre a su lado y se distraerá paseando de una estancia a otra.
- Cuando necesite tenerlo en un lugar seguro mientras está ocupado, colóquelo en el parque, rodeado de juguetes de autoactividad durante un máximo de veinte minutos.
- Cambie los juguetes periódicamente. Busque juegos que permitan a su hijo moverse y practicar sus habilidades, como por ejemplo dar patadas, tirar con las manos, caminar (los parques son ideales para dar sus primeros pasos, etc.), activar sonidos y pulsar botones.
- Organice los días siguiendo una estructura regular, con muchos segmentos breves, y cíñase a la rutina.

A una madre le gustaba salir de paseo con su hijo durante varias horas, pero el niño siempre estaba revoltoso y no paraba de exigir atención. Mamá decidió establecer una nueva secuencia de actividades: comer por la mañana, tiempo de juego, paseo, siesta de vuelta a casa, comida, baño, juego, otro paseo, etc. Al cabo de unos días de haber implementado esta rutina, el pequeño, que antes siempre aprovechaba los paseos para echar un sueñecito, estaba más tranquilo y más apaciguado.

- Si es posible, destine un armario bajo de la cocina para guardar objetos idóneos para que juegue su hijo (grandes recipientes de plástico, tapas, cazos y sartenes ligeros, vasos de medida de plástico, cucharas de medida sin la anilla, que es lo bastante pequeña como para que se la trague, etc. De vez en cuando, añada nuevas piezas a la colección, objetos que no resulten familiares al niño. A la edad de diez o doce meses —y sobre todo más tarde, en plena infancia—, le encantará sentarse en el suelo, cerca de usted, y jugar con los cacharros del armario. Mientras prepara la comida, háblele, acérquese al lugar donde está jugando y esté unos momentos con él, compartiendo sus actividades.
- Reserve mucho tiempo para pasear; el niño tiene la ocasión de respirar aire fresco y de ver un sinfín de cosas estimulantes.

¿Quiere saber cuál es la fórmula mágica?: procurar que sus expectativas se mantengan estrictamente en línea con las capacidades de su hijo. Lo cierto es que el pequeño no se resignará a estar tumbado de espaldas tranquilamente y mirando al techo durante demasiado tiempo.

En uno de mis cursillos, una madre estaba bastante malhumorada con su hijo de nueve meses. Dijo:

«Quería sentarme con mi marido y disfrutar de una cena tranquila, y Nathan no paraba de llorar, exigiendo mi atención. ¡Estaba realmente enfadada, pues le había dedicado todo el día! ¡Tiene que aprender a respetar mi propio tiempo libre por la noche!»

Es fácil comprender su frustración, pero con nueve meses de edad, Natan no es ni mucho menos capaz de respetar el tiempo libre de mamá. ¿La solución? Quizá el padre de Natan podría ocuparse de él mientras mamá se toma un respiro. Quizá mamá y papá podrían retrasar la cena un par de horas. Pero lo esencial es que mamá sea consciente de lo que su hijo puede y no puede hacer a su tierna edad.

Herramientas: **Procure que su hijo sepa lo que va a hacer a continuación ordenando sus actividades diarias en una secuencia rutinaria. Una buena parte de su nerviosismo desaparecerá y, alrededor de los diez meses, empezará a aprender a esperar y a demorar la satisfacción de sus necesidades. Llévelo de paseo cada día.**

¡Pida ayuda! Es un año difícil para usted. Es probable que ande falto de sueño, que apenas tenga ocasión de conversar tranquilamente con su pareja y que tenga la sensación de que sus esfuerzos no se ven recompensados en su justa medida. A ser posible, contrate una canguro algunas noches durante un par de horas y disfrute de ese tiempo libre.

Planifique enfoques conjuntos con su cónyuge, determinando cómo y cuándo podría sustituirle en el cuidado del niño o si sería oportuno realizar algún cambio en el horario del desayuno o de la cena.

SE MUESTRA POCO INDEPENDIENTE

Situación: Su hijo de siete meses no quiere perderle de vista, no tolera estar tumbado, no soporta que se le acerque nadie más y, mucho menos, que le coja en brazos alguien que no sea usted.

Trasfondo: Son conductas relacionadas con la ansiedad de la separación, que suele afectar a los niños entre los seis meses (en algunos pequeños precoces, a partir de los cuatro) y el año de edad.

La mayoría de los padres lo aceptan y lo afrontan con la mayor normalidad, pero se preocupan si su hijo de un año y medio a dos años empieza a manifestar este tipo de comportamientos. En tal caso, piensan: «Se está volviendo un niño poco independiente. Se apega demasiado. Tendremos que contratar los servicios de una canguro y salir más para que se acostumbre a no tenerme a su lado todo el santo día».

Pero en realidad no deberían preocuparse. Un niño que ha pasado el primer año de su vida sin exteriorizar la llamada ansiedad de la separación, sin duda la manifestará más tarde, generalmente entre los diecisiete y veintidós meses. Es posible que aún no haya experimentado ese síndrome.

Durante la etapa de pérdida de independencia:

No haga grandes cambios —de canguro, de rutina, etc.—. Cíñase a un programa diario estricto y, a menos que sea absolutamente necesario, organice salidas de uno o dos días.

Esté preparado. En cualquier momento puede producirse un cambio de comportamiento y empezar a perder independencia. Un niño se lo había pasado en grande durante una visita de sus abuelos, que jugaron con él y lo tuvieron en brazos toda la tarde. Al volver dos semanas más tarde, el pequeño chilló y se excitó una barbaridad sólo con verlos. Los abuelos llegaron a la conclusión de que se hallaba en la etapa de ansiedad de la separación/ansiedad ante los desconocidos y esperaron unas horas hasta que el niño se mostró dispuesto a aceptar su presencia.

Hágale saber que va a ausentarse, aunque sólo sean unos minutos. Si se pone muy nervioso cuando va al baño, deje la puerta abierta (si no tiene inconveniente) para que pueda verle y sentirse más seguro.

No demore demasiado sus comidas. Procure satisfacer sus necesidades antes de que se desespere y pase un rato con él después de comer, jugando, leyéndole un cuento, cantando, etc. Téngalo sentado en su regazo mientras habla por teléfono.

Resumiendo, no le presione. De lo contrario, es probable que se apegue aún más a usted y que manifieste un temor genuino. Espere a que transcurra esta etapa de su vida. En un par de meses se habrá disipado.

Herramientas: **Ayude a su hijo durante la etapa de pérdida de independencia procurando que sepa en todo momento lo que va a suceder a continuación.**

CUANDO SU HIJO
DE 1 AÑO A 18 MESES...

ODIA EL COCHECITO

Situación: Acaba de salir de casa con su hijo de un año y medio, lo coge en brazos y lo pone en el cochecito. Inmediatamente, empieza a golpear la capota, a chillar y arquear la espalda, gritando: «¡Fuera! ¡Fuera!». O una vez en el supermercado, el pequeño decide liberarse a toda costa del cochecito y patalea sin cesar.

Trasfondo: Cuando advierte que se están preparando para salir, piensa: «¡Yupi! Voy a corretear un rato y a divertirme de lo lindo». Pero luego se encuentra atrapado en un artilugio que no le deja moverse. Es incapaz de comprender que, sin el cochecito, sus padres llegarían con retraso a su destino. ¡Lo único que quiere es escapar!

Existe otra razón para quejarse, una que está relacionada con el odio al cochecito y con otras cuestiones de comportamiento que afloran a esta edad. Cuando el niño cumple un año, empieza a decirle: «¡Estoy aquí y quiero dirigir la orquesta!» No se lo dice con palabras, sino luchando contra el cochecito, agarrando todo lo que está a su alcance, tocando todos los objetos nuevos y fascinantes, y zafándose de usted a la menor oportunidad.

Usted piensa: «Este niño no oye; da la sensación de que no oiga». Son muchos los padres que están en su mismo caso.

Suspenda de una goma elástica unos cuantos juguetes específicos para cochecitos y cámbielos a menudo. Si tiene algo con que entretenerse, tolerará mejor la inmovilidad.

Si su hijo se niega a montar en el cochecito y arquea la espalda cuando intenta sentarlo, las fórmulas para corregir la situación son francamente escasas. Quizá tenga que atarlo con las correas, mientras se resiste, y ponerse en marcha cuanto antes, o ceder ante el jaleo que está armando y dejarle andar (eso sí, cogido de la mano).

Si el pequeño no quiere estar en el cochecito mientras usted hace las compras, dígale:

> «Ya sé que no te gusta nada estar en este cochecito cuando vamos al supermercado. Hoy sólo tenemos que comprar unos cuantos calcetines. Vamos a buscarlos y luego los llevarás tú hasta la salida.»

Supongamos que está tranquilo y, cuando ya está a punto de terminar las compras, no puede soportar un segundo más la cola de la caja.

Dígale a la cajera que no podrá esperar más de dos minutos antes de salir de la tienda; el niño no aguantará más. Pregúntele si tiene a mano una tira de cinta de calculadora o cualquier otra chuchería detrás del mostrador con la que el pequeño pueda jugar durante estos dos minutos. En ocasiones, no le quedará más remedio que salir de allí. Dígale a la cajera que en aquel momento no puede completar la transacción, que sale un rato y que volverá más tarde.

Herramientas: Sea empático. Incluso un niño de esta edad comprenderá por el tono de su voz que es consciente de que no está a gusto y que desearía que las cosas fuesen diferentes. Ofrézcale algo a cambio; es posible que el pequeño se distraiga con un par de calcetines y que, además, se sienta más integrado en la actividad de la compra.

Esté siempre a su lado. En realidad, quiere cooperar, pero no sabe cómo. Siempre resulta embarazoso ser el adulto en las escenitas que monta el niño. Aun así, no tiene por qué excusarse con la cajera ni con nadie más.

Muchos padres que asisten a mis cursillos dicen no poder salir nunca con su hijo de un año o un año y medio y regresar a casa habiendo realizado todas las diligencias que tenían previsto hacer. En este caso, la mejor solución quizá sea la prevención. No siempre es posible dejar al niño en casa con otro pariente o una canguro, pero si tiene la ocasión, hágalo. Dígale a su hijo:

«Sé que te gusta ir al supermercado conmigo, pero cada vez te resulta más incómodo estar en el cochecito, y no tienes más remedio que estar ahí, pues es la única forma de estar seguro mientras hago la compra. Esta vez te quedarás en casa con papá (o mamá).»

Herramientas: Sea empático. Déle a entender cuáles son las consecuencias de su conducta: «Por el momento no podrás acompañarme; ya lo harás cuando seas un poco mayor». Con ello le está dando esperanzas.

QUIERE TOCAR O AGARRAR TODOS LOS OBJETOS NUEVOS O FASCINANTES

Situación: Jugando en grupo, su hijo ve a otro niño que tiene una radio de juguete, se dirige hacia él y, ni corto ni perezoso, se la arrebata sin más. En casa, el pequeño pasa a toda prisa por delante de su cajón repleto de juguetes, resuelto a llegar hasta el jarrón de la sala de estar o el vídeo, para pulsar los botones.

Trasfondo: Los niños de catorce, dieciséis o dieciocho meses son curiosos por naturaleza, quieren tocar y explorar todo lo nuevo y diferente. Y cuando otro niño está jugando con algo, ese objeto les resulta especialmente fascinante; sienten la necesidad de conseguirlo, aun cuando se lo estén pasando bien con lo que tienen.

Una madre estaba preocupada porque su hija estaba cambiando y convirtiéndose en una bravucona: Lilly, de catorce meses, siempre quitaba los juguetes a los demás niños. Pero a decir verdad, la pequeña no tenía nada de matona, ni tampoco era lo bastante mayor para entender de cambios. Lo que le hacía falta era empezar a aprender a no arrebatar las cosas a los demás.

La madre de Lilly intentó anticiparse a los intereses de su hija y cada día, al llegar al parque, llevaba algunos objetos atractivos. Cuando la chiquilla quería coger un juguete de otro niño, mamá intervenía rápidamente:

> «Lilly, ahora Andrea está jugando con esa radio. Cuando termine, podrás hacerlo tú. Vamos a ver con qué otra cosa te puedes divertir.»

Entonces sacaba un juguete similar, uno que también tuviera botones para pulsar, y le enseñaba su funcionamiento para que pudiese empezar a jugar.

Por lo que respecta al hogar, aunque haya quitado, cubierto o fijado todo lo que podría ser peligroso que su hijo tuviese en las manos, siempre encontrará algo que usted no desea que coja... e irá a por ello una y otra vez.

Recuerde la herramienta: limite, sustituya, elogie. Cuando esté decidido a llegar hasta el jarrón, empiece por limitar su comportamiento, colocándolo en un estante alto para que no lo vea.

Compre una funda de plástico (las venden en los comercios especializados en artículos para el bebé) de la medida de su panel de control del vídeo. A continuación, ofrézcale algo seguro y razonable a cambio: probablemente no le hará ascos a uno de sus viejos juguetes, pero estará encantado si tiene la oportunidad de empujar la aspiradora —desenchufada— por el pasillo. Luego, agáchese a su lado, ayúdele a empezar y elogie su nueva conducta:

> «¿Sabes? ¡Te harás un chico muy fuerte! Eres capaz de empujar esta vieja aspiradora de un lado a otro y llevarla a cualquier parte.»

Herramientas: La herramienta fundamental consiste en ofrecer algo a cambio, pero aun así no espere que su hijo lo acepte por las buenas. Ayúdele a interesarse en otra cosa elogiando lo que está haciendo con el nuevo objeto. Deberá invertir tiempo y esfuerzo.

Cuando logre que el niño no agarre ni arrebate los juguetes de otros niños y desviar su atención hacia otro objeto, dígale lo que espera de él y déle esperanzas: «Más tarde tendrás la oportunidad de jugar con aquel juguete que tanto te gusta». Aunque «más tarde» no signifique demasiado para él en este momento, está sembrando las semillas que, en su día, le permitirán aprender a compartir las cosas con los demás y a esperar su turno.

ECHA A CORRER
EN LOS ESPACIOS ABIERTOS

Situación: Acaba de llegar al parque con su hijo de quince meses y le desata las correas del cochecito. En un abrir y cerrar de ojos, sale disparado, sin mirar atrás y sin prestar atención a sus llamadas para que se detenga.

Trasfondo: Desde que su hijo empieza a sentirse bastante seguro sobre los dos pies hasta los tres años, las carreras van a ser un problema, y eso es algo de lo que vamos a hablar aquí y en las dos categorías siguientes de edad. Con lo pequeño que es, es inútil esperar que permanezca a nuestro lado o que se detenga si se lo ordenamos. No queda otro remedio que correr tras él o mantenerle sujeto para evitar que se escape.

Aunque todavía es demasiado joven para captar toda la idea, dígale lo que va a hacer a continuación y lo que será capaz de hacer algún día:

«Debo cuidar de ti y eso me obliga a sujetarte. Cuando puedas andar a mi lado sin que tenga que preocuparme de que eches a correr, dejaré que lo hagas.»

Muchos padres fruncen el ceño ante la posibilidad de colocar un arnés a un niño pequeño. Si consigue superar la sensación de su extraordinario parecido a pasear un perro con la correa, hay ocasiones en las que llevarlo así es práctico y apropiado. Un simple cordón atado a la muñeca permite al niño alejarse un par de metros de usted, a la vez que mantiene las dos manos libres para recoger hojas, tocar los escaparates o las farolas. Es una buena forma de desplazarse de un lado a otro con seguridad y sin tener que confinarlo en un cochecito o conminarle a que se coja de su mano. Hace poco, vi a dos niños con un cordón atado en la muñeca y ambos parecían felices caminando «solos». Era como si se hubiesen olvidado de la presencia de sus padres. Por un lado, su hijo necesita más independencia y, por otro, usted se siente más tranquilo al llevarlo sujeto en todo momento y sin que pueda arrancar a correr.

Herramientas: **Cuando se trata de la seguridad, hay que ser tajante. No conceda a su hijo el beneficio de la duda de que será capaz de permanecer a su lado. ¡Sería absurdo! No obstante, siempre puede darle alguna esperanza: explíquele que llegará el día en el que será lo bastante mayor para andar sin necesidad de ir sujeto.**

Intenta trepar
a la menor oportunidad

Situación: Mientras usted está en el baño lavándose los dientes, su hijo de trece meses entra y se sube a la tapa del inodoro. Le coge enseguida para evitar una caída en picado.

Trasfondo: Antes de que el niño pueda correr, saltar o incluso andar con seguridad, empezará a trepar. Siente una irrefrenable necesidad de practicar la escalada y aprovechará la menor ocasión para hacerlo..., aunque una vez arriba no sepa cómo bajar.

Restrinja el acceso a determinadas áreas. Si siempre se siente tentado de subirse a su cama, tenga la puerta del dormitorio cerrada cuando usted no esté. Si le sigue hasta el cuarto de baño y quiere trepar al inodoro o a la bañera, impídaselo y explíquele lo que va a hacer. Dígale:

> «Cariño, voy a estar un ratito en el baño. Ya sé que quieres entrar conmigo, pero no puedes evitar subirte al inodoro, y no quiero que lo hagas. Puedes jugar en el suelo justo a la entrada y así podrás verme.»

Luego, busque otras formas para que pueda practicar su afición. En casa, un taburete de dos peldaños da muy buenos resultados. Llévelo al parque cada día y vigílelo muy de cerca mientras sube y baja los primeros escalones del tobogán. Cójale de la mano mientras van por la calle y deténgase para que pueda subirse a los peldaños de los portales y comercios. Ni podrá evitar que trepe, ni tampoco quiere hacerlo. Aproveche la menor oportunidad para que disfrute subiendo y bajando con seguridad.

Herramientas: **En lugar de: «No, no te subas ahí, te harás daño», dígale: «Sí, claro que puedes trepar; vas a hacerlo aquí». Ofrézcale algo a cambio; una cama alta, la tapa de un inodoro y un tramo de escaleras no son los emplazamientos más adecuados, pero un robusto taburete de dos escalones y los peldaños de un tobogán (cogido de la mano) pueden satisfacer perfectamente sus necesidades. Durante la etapa de escalada, saque a su hijo de paseo todo el tiempo posible.**

MUERDE, PEGA O DA EMPUJONES

Situación: Mientras forcejea con su hija de diecisiete meses, ésta intenta morderle en el hombro. ¡Y eso duele! En una reunión familiar, pega a su prima, más pequeña, para evitar que alcance la casa de muñecas con la que quiere jugar.

Trasfondo: Morder, pegar y empujar son algunos de los primeros intentos reales de reafirmación del niño. Quizá se sienta excitado, enfadado, cariñoso o con ganas de explorar el entorno; quizá desee establecer contacto; o quizá, lo único que quiere es ir de aquí hasta allí y hay otro niño en su trayectoria.

Con el tiempo aprenderá a que existe una manera mejor, más amable de recabar su atención o de conseguir algo que desea. Sea como fuere, los mordiscos, los golpes y los empujones (comportamientos agresivos, aunque no siempre con una intencionalidad agresiva) van a estar presentes en la vida del niño durante varios años. En esta y en las dos categorías de edad siguientes hablaremos de las distintas formas en que los niños manifiestan estas conductas.

Si tiene a su hijo en brazos, apoyado contra el hombro, y parece como si quisiera darle un mordisco, es posible que se deba al nerviosismo de la dentición... o tal vez le esté demostrando cuánto le quiere y piensa que le gustará. Este tipo de mordisco sustituye al beso, pero aun así usted pretende enseñarle que existe un modo mejor de hacerlo. Si le hace daño, dígale:

«¡Ay! Hay que hacerlo con suavidad.»

Retire delicadamente su cara del hombro, déle un beso, acaríciele los labios y las mejillas con los dedos y dígale:

«Fíjate en lo bonito y suave que es con los dedos. Suave en la mejilla, suave en los labios.»

En uno de mis cursillos, un niño de un año y medio apartó de un empujón a otro y lo hizo caer, resuelto a llegar hasta un enorme buzón de juguete. Su padre comentó que, desde hacía algunos días, Jack pegaba y empujaba mucho en un constante esfuerzo por investigar nuevas cosas. Sin quitarle el ojo de encima y presto a intervenir, cogió en brazos a su hijo y le dijo:

«Jack, empujar no está bien. Ahora estaremos aquí un rato y luego jugaremos con otra cosa.»

El niño forcejeó y se resistió durante unos minutos. Luego, descubrió otra forma de rastrear el terreno y llegó hasta el buzón por el otro lado. De este modo, nadie resultó lastimado.

Herramientas: Aunque sepa que su hijo no tiene la costumbre de morder, empujar o pegar a menos que esté irritado, deténgale cada vez que pretenda hacerlo. Tiene que aprender que no puede arrollar ni hacer daño a los demás. Explíquele cuáles son las consecuencias de su conducta —«¡Duele!»—, propóngale un comportamiento más idóneo y demuéstrele en qué consiste, o desvíe su atención del objeto que quiere alcanzar empujando a otros niños.

CUANDO SU HIJO
DE 18 MESES A 2 AÑOS...

PEGA O DA EMPUJONES

Situación: Un grupo de niños se reúnen, como cada semana, en casa de uno de ellos para pasar la tarde jugando. Durante un cuarto de hora, todo marcha como la seda. Luego, sin ningún motivo aparente, su hijo pega a otro, que se echa a llorar.

Trasfondo: Los niños pequeños pegan o dan empujones por diversas razones: porque quieren algo que tiene otro niño o se niegan a dejar lo que tienen; porque están contentos y superexcitados; porque se sienten frustrados y no saben lo que quieren; porque necesitan atención; porque desean ser cariñosos. A medida que amplían su vocabulario y su autocontrol (y aprenden que los abrazos son el mejor modo de expresar el cariño), las zurras empiezan a declinar.

En el grupo de juego, observe a su hijo para adivinar cuándo está presto a soltar un cachete. Los padres tienden a sobreestimar las capacidades sociales de los niños de estas edades. Un grupo de cinco o seis pequeños puede ser excesivo para que su hijo se desenvuelva con soltura; quizá sería preferible uno de tres o cuatro.

Si pega o empuja cuando otro niño se le acerca demasiado, enséñele lo que debe hacer. Cuando esté a solas con él, dígale:

«La próxima vez que alguien se te acerque demasiado, abre las manos frente a ti y dile: "No te acerques más". Así es como le puedes indicar que no quieres que se te pegue tanto.»

A una chiquilla de dos años y medio le encantaba el juego de cocina de la guardería, y tan pronto como otra niña cogía la sartén o la cafetera de aluminio le propinaba un empujón. Su madre le enseñó unas cuantas palabras para que pudiese utilizarlas:

> «Ya sé que ahora es muy difícil para ti permitir que otras niñas utilicen la cocina. Si alguien quiere usar la sartén y tú estás jugando con ella, dile: "No me la quites. Pídemela".»

Desde aquel día, se propuso estar alerta —por lo menos mientras durase esa etapa de porrazos y empujones— cuando su hija jugaba con alguna amiguita en casa, por las tardes, y también por las mañanas, en la guardería. Cada día, mientras desayunaba, le hacía la siguiente reflexión:

> «Recuerda que cuando juegues con la cocinita te resultará difícil que otros niños también quieran jugar con ella. Mientras esté en la sala, puedes pedirme ayuda. Si José quiere jugar con la cocina, como hizo ayer, podemos buscar otra cosa con la que puedas divertirte, ¿de acuerdo? Mañana, quizá podamos ir unos minutos antes para que juegues con estas cosas antes de que lleguen los demás.»

Un pequeño estaba sentado sobre las rodillas de su madre mientras su padre tenía en brazos a su hermanito recién nacido. Viendo a papá jugando con el bebé, de repente soltó un sonoro manotazo a mamá.

Es muy probable que el niño necesitara liberar un poco de frustración y de celos, y no supiese exactamente lo que quería o cómo pedirlo. ¡También hubiese podido optar por ponerse en pie y propinar el manotazo al bebé! En ocasiones, los niños están muy alterados y pegan a sus padres como fruto de la excitación.

En caso de pegar a su hermanito o hermanita, no le grite. Es mejor decirle:

«En esta familia tenemos por norma no pegar. Haz reír al bebé, y no llorar.»

Y acto seguido enséñele a hacer muecas y sonidos divertidos o a jugar al ¡cucú!, que casi siempre hace las delicias de los recién nacidos.

Si le pega a usted, repita la norma familiar de no pegar; después, añada:

«¿Sabes una cosa? Cuando alguien me pega, no quiero jugar con esa persona durante un buen rato. Acuérdate de cuando estabas jugando con Timmy y te pegó. No te gustó, ¿verdad? Pues a mi tampoco me gusta. Ahora tranquilízate y luego seguiremos jugando.»

Herramientas: Use la empatía: «Te resultará difícil que otros niños quieran utilizar la cocina». Insista en una determinada conducta: «No hay que pegar». Para ayudar a su hijo a contener sus deseos de pegar y dar empujones, ofrézcale algo a cambio —«Levanta las manos» o «¿Vamos a hacer reír al bebé?»— y enséñele unas cuantas palabras: «No te acerques» o «Pídeme la sartén si quieres jugar con ella». Explíquele qué consecuencias tiene su comportamiento: si le pega, eso le entristece y se le quitan las ganas de ser amable con él durante un rato. Y siempre que le sea posible, supervise el juego de su hijo para recordarle que no debe pegar a nadie y animarle a seguir esforzándose para contenerse.

Se suelta de la mano
y echa a correr en la calle

Situación: Tan pronto como sale a la calle, su pequeño de un año y medio se las ingenia para soltarse de la mano y echar a correr hacia la calzada.

Trasfondo: Ése será un patrón de conducta habitual durante los próximos años. Cuando empiece a sentirse un poco independiente, el niño querrá disfrutar de la libertad que supone soltarse de mamá o de papá y emprender la «huida».

Si los tirones y las carreras se convierten en un problema persistente y hasta cierto punto preocupante, dígale que, de seguir así, tendrá que montarlo en el cochecito hasta que aprenda a ir cogido de la mano. Si su hijo tiene el suficiente autocontrol como para tranquilizarse y cooperar, puede ayudarle a comprender la necesidad de ir cogido de la mano, por lo menos durante una parte del tiempo que pasen fuera de casa, indicándole lo siguiente:

> «Cuando salgamos de casa y vayamos al parque, tienes que cogerte de la mano. Cuando hayamos cruzado todas las calles y estemos en el parque, podrás correr cuanto quieras. Si lo que deseas es correr por la calle, tendremos que hacerlo los dos.»

A continuación, puede introducirle un poco más en el futuro y marcarle un objetivo a largo plazo. Dígale:

> «Cuando seas un poco mayor, podrás dar la vuelta a la manzana tú solo. Me encantará que llegue ese momento, pero primero tengo que asegurarme de que sabrás pararte donde sea necesario. Pronto empezaremos a practicarlo.»

Mientras su hijo aún sea un niño pequeño, «cuando seas un poco mayor» y «pronto» no tendrán demasiado significado para él, pero su tono prometedor le puede animar a seguir las pautas que le propone. Poco a poco, puede ir trabajando su promesa. Practique en una calle secundaria. Sugiérale ir andando hasta el árbol que hay a media manzana o hasta el portal del edificio siguiente, y dígale:

> «Si te pones demasiado nervioso y no te detienes, no tendré más remedio que cogerte de la mano y haremos así el resto del camino.»

Herramientas: Durante los primeros años de su pequeño, deberá vigilar muy de cerca su comportamiento en sus primeras lecciones de «andar solo». Recuérdele que lo que no sabe hacer hoy, quizá sepa hacerlo mañana y que está dispuesto a enseñárselo enseguida. Déjele bien claro cuáles son los límites y las consecuencias de transgredirlos: «Mi obligación es velar por tu seguridad y, si echas a correr, la próxima vez saldremos con el cochecito o tendremos que esperar un poco más antes de empezar a practicar "sin manos". Obséquiele con un «sí»: «Si quieres correr más, podemos hacerlo juntos por la calle».

SE ENOJA SI NO PUEDE HACER COSAS NUEVAS

Situación: Su hijo de diecinueve meses se siente intrigado por las correas de la sillita alta o del cochecito de paseo, y está determinado a desatarlas. Cuando le aparta las manos de las correas, se encoleriza.

Trasfondo: A esta edad, el niño quiere poner las cosas del revés, hacer girar botones, estirar, separar objetos y volver a mezclarlos. Parece disfrutar y practicar nuevas técnicas al mismo tiempo.

Su principal objetivo consiste en salir de la sillita alta o del cochecito, pero como es lógico, para que el pequeño esté seguro, a usted no le queda otro remedio que desviar su atención del arnés. Busque objetos similares (alguna caja con correa de cierre, por ejemplo, o una bolsa de la basura limpia, llena de juguetes, con tiras de plástico para abrir y cerrar) y déjela a su alcance para que se entretenga.

Había un niño que se sentía especialmente atraído por encender y apagar las luces, y arrastraba una silla hasta el interruptor de la cocina para accionarlo una y otra vez. Su madre le dijo:

«No debes apagar y encender la luz cuando estoy cocinando. Puedo hacerme daño. ¿Por qué no lo haces con este flash?»

En uno de mis cursillos para padres e hijos, a uno de estos últimos, una niña de un año y medio, le encantaba tirar del pelo y la ropa de la gente. Su madre era consciente de que Bradley lo hacía sin estar enfadada y sin tener un motivo especial... ¡tiraba por tirar! Durante las sesiones de juego en grupo, intentó desviar su conducta hacia otros objetos, tales como vagones de tren o coches de fricción, y en casa le dejaba tirar de la aspiradora y arrastrarla de habitación en habitación. También le compró una muñeca con una espesa melena y le enseñó a acariciarle y peinarle el pelo, estimulándola positivamente de vez en cuando:

«Lo haces muy bien, Brad. Es estupendo mimar y acariciar el pelo de la muñeca.»

Herramientas: Para cortar de raíz el hábito de tirar, retorcer, dar la vuelta, etc., a las cosas, fíjese en qué está «trabajando» su hijo en aquel momento y ofrézcale algo apropiado a cambio. Enséñele que hay muchas cosas en su entorno con las que puede practicar —sin molestar ni hacer daño a nadie— eso que tanto le gusta. Quizá pueda abrir y cerrar el grifo del agua mientras usted se lava las manos o pulsar los conmutadores del lavavajillas. Apruebe su actitud: «Lo estás haciendo muy bien».

NO DEJA QUE LOS DEMÁS NIÑOS JUEGUEN CON SUS COSAS

Situación: Su hijo siempre está pendiente de cuándo podrá venir uno de sus amigos a su casa para jugar, pero tan pronto como éste coge uno de sus juguetes, se lo quita de las manos. No tiene por qué ser uno de sus juguetes favoritos; simplemente le fastidia que su compañero toque algo suyo.

Trasfondo: Dejar que alguien use sus cosas es muy duro para un niño pequeño. Esta etapa eminentemente posesiva puede iniciarse alrededor del año y medio y prolongarse durante un par de años... y no hay padre o madre que pueda impedirlo. Nos molesta ver a nuestro hijo, habitualmente dulce, comportándose como un perfecto «egoísta» y nos pasamos el día recordándole que debe aprender a compartir.

De entrada, siempre tranquiliza saber que todos los niños pasan por esta fase del «yo-mi-mío», que necesitan desarrollar un sentido de la propiedad antes de ser capaces de renunciar a ella. Entretanto, puede empezar a echar los cimientos de las futuras lecciones de generosidad y, de paso, reducir las riñas cuando su hijo juegue con alguien más.

Antes de que llegue su amiguito, diga al niño:

«¿Sabes lo que pasa, Lexie? Te gusta mucho que Renee venga a casa a jugar, pero cuando ya está aquí, no quieres que toque tus cosas y se enfada. Vamos a decidir, antes de que llegue, los juguetes con los que podrá jugar hoy y con los que no. Los que no quieras que toque, los guardaremos en el armario.

»Y también haremos otra cosa. Le pediré a la madre de Renee que traiga algunos de sus juguetes para que los dos podáis jugar con los suyos.»

Déjele escoger los juguetes que habrá que guardar y vuelva a preguntarle si no va a haber ningún problema para que Renee juegue con todos los restantes.

No se aleje demasiado o esté con ellos en el mismo cuarto, aún son demasiado pequeños para jugar solos. No pierda detalle y recanalice la secuencia lúdica a intervalos de aproximadamente diez minutos. Si su hijo demuestra ser capaz de compartir, elogie su conducta cuando su amigo se haya marchado:

«Renee se lo ha pasado muy bien hoy. Ha sido estupendo que eligieras los juguetes que podía usar antes de que llegara. Me siento muy orgulloso de que hayas sabido hacerlo.»

Si las cosas no parecen mejorar, suspenda los juegos en casa durante algún tiempo y explique la razón a su hijo:

«Te cuesta demasiado jugar en paz con Renee en casa. Durante las próximas semanas nos reuniremos en el parque y jugaréis al aire libre.»

Herramientas: **Implique a su hijo en la solución de las dificultades que tenga a la hora de jugar con otros niños y supervise sus actividades lúdicas si cree que le va a resultar difícil aplicar los acuerdos a los que hayan llegado. Felicítele cuando se comporte como es debido y explíquele cuáles serán las consecuencias si se comporta mal, pero utilizando siempre la empatía: «Sé que no te es nada fácil compartir tus cosas. De ahí que, durante algún tiempo, no invitaremos a casa a Renee, sino que iremos a jugar juntos al parque».**

REPITE COSAS QUE SE LE HA DICHO QUE NO HAGA

Situación: Cada vez que usted y su hijo de dos años se sientan para desayunar, almorzar o cenar, él se empeña en comer de su plato y en beber el té helado de su vaso. Está cansado de decirle, una y mil veces, que no debe hacerlo.

Trasfondo: El niño, con su gran afán de explorar, quiere probarlo todo. Y cuando le dice «no», se obstina más en su actitud.

Una madre cuyo pequeño no paraba de manosear su comida estaba ya hasta la coronilla de su hijo. ¡Ni siquiera podía tomarse su té helado en paz! Un día, en lugar del usual «no, no, no», optó por otra estrategia. Dijo:

«Freddy, hablemos un poco de lo que es mío y de lo que es tuyo. Esto es mi bebida y mi plato, y esto, tu bebida y tu plato. Ya lo sé: quieres probar mi bebida porque te gusta todo lo que es de mamá. Pero éste es mi vaso y mi té, y éste, tu vaso y tu leche. Si prefieres zumo o agua, te lo daré. Me sentiré muy satisfecha de poder darte lo que te apetece. ¿Quieres un poco de zumo o de agua?»

Freddy, un tanto sorprendido por esta línea argumental, respondió que no. Mamá le dio su vaso, cogió el suyo y ambos bebieron su repectiva bebida. Luego, la madre elogió la conducta de su hijo:

«Fíjate en lo bien que sostienes el vaso. Ahora ya puedes beber conmigo. ¿No es estupendo poder beber juntos durante las comidas?»

Durante las seis comidas siguientes, la madre repitió una versión de su rutina. Al final, Freddy dejó de intentar alcanzar su vaso y de meter las manos en su plato.

El padre de Vanessa estaba intentando que su niñita de dieciocho meses' abandonara la fea costumbre de revolverlo todo en su despacho. Pese a repetirle incesantemente que debía olvidarse de aquella estancia, Vanessa estaba resuelta a explorar aquel emocionante entorno. Por fin, papá decidió ofrecerle algo a cambio. Cada vez que la niña se encaminaba hacia el escritorio, le daba un libro o una revista, se sentaban en el suelo, juntos, durante algunos minutos y los hojeaban. Después, papá decía:

«¿Te has dado cuenta de que pasas muy bien las páginas? ¿Es divertido, verdad, mirar estas revistas los dos juntos?»

Herramientas: Acuérdese de la herramienta «limitar, sustituir y, sobre todo, elogiar». Aprobar el nuevo comportamiento es lo que hace que la corrección se instale definitivamente en los usos y costumbres del niño: si se lo pasa

bien con el nuevo objeto y la nueva actividad, al tiempo que sabe hacerlo con destreza, no sacará a relucir sus malas pulgas por el hecho de no poder hacer aquello que venía haciendo todos los días. Déle varias cosas a elegir y etiquete con su nombre la que más le guste; será como si hubiese dicho un «sí» en lugar de un «no».

Es propenso a las rabietas

Situación: Entra en el cuarto de baño y encuentra a su hijo exprimiendo el tubo de pasta dentífrica en la boca y comiéndosela. Al recordarle que la pasta dentífrica no es para comer y quitarle el tubo, empieza a gritar y a dar manotazos en el lavamanos.

Trasfondo: A mitad de su segundo año es probable que en alguna ocasión su hijo tenga unas rabietas de mucho cuidado. Casi todo parece irritarle, y aunque no todas las rabietas incluyen gritos y patadas, ¡no hay duda de que el crío está indignadísimo!

Ante todo, no hay que olvidar que, hasta cierto punto, una rabieta puede estar relacionada con el desarrollo de la autonomía y la función exploradora del niño. Con un vocabulario y unas capacidades reducidas, a su pequeño le cuesta horrores expresar sus sentimientos cuando quiere hacer o conseguir algo. Además, todavía no es capaz de pensar con una excesiva antelación. Desconoce el significado de «antes», «después» o «mañana», y eso le hace muy difícil la espera, aunque sólo se trate de unos momentos.

La madre de la niña que se comía la pasta dentífrica, le dijo:

> «Sé muy bien que ahora estás enfadada, igual que Óscar en *Barrio Sésamo*. Pero la pasta de dientes no es buena para comer.»

La pequeña siguió chillando y protestando. Mamá no se rindió:

«Te enseñaré lo que puedes hacer con la pasta dentífrica. Exprime el tubo, pon un poco en tu cepillo de dientes y te los lavas dos veces al día. ¿Y sabes qué? Hay unos caramelos de menta que saben igual y que sí se comen. Si te portas bien, compraremos unos cuantos.»

Mamá le enseñó a poner la pasta dentífrica en el cepillo y, aunque aún estaba llorosa, aquel «juego» despertó su interés. También le dejaba poner la pasta en su propio cepillo siempre que lo necesitaba. Transcurridos unos días, aprendió a poner la cantidad justa de pasta y eso le hizo sentir muy orgullosa. Por otro lado, su madre le compró caramelos de menta.

Herramientas: **Las rabietas formarán parte de la vida de su hijo durante algún tiempo. Reaccione con empatía, ofrézcale algo a cambio y espere a que se acostumbre. Repítale tantas veces como sea necesario que los gritos y las pataletas tienen que acabarse, pero dispóngase a esperar lo que haga falta. En la siguiente categoría de edad encontrará algunas ideas para combatir este tipo de expresiones temperamentales.**

TIRA COSAS

Situación: Su hijo de un año y medio disfruta una barbaridad tirando el biberón de zumo o de leche en el inodoro.

Trasfondo: Los niños de esta edad experimentan un incontenible deseo de arrojar el biberón al inodoro, la comida al suelo desde la sillita alta o los juguetes desde el cochecito. Les gusta ver y oír cómo caen las cosas, o cómo desaparecen y vuelven a aparecer. Y, cómo no, resulta divertidísimo ese jueguecito de que papá o mamá recojan lo que han tirado.

La madre de un niño al que le encantaba tirar su biberón al inodoro observó que una buena parte de la atracción que aquella especie de ritual parecía ejercer sobre él residía en el sonido que hacía el agua, y le facilitó un lugar más adecuado en el que poder arrojar las cosas y jugar con el agua. Le dijo:

> «Te encanta tirar tu biberón, ¿verdad? Voy a enseñarte un sitio perfecto para hacerlo. Te ayudaré a colocar una silla junto al fregadero, lo llenaremos de agua y podrás arrojarlo ahí.»

A veces, ponía una olla con agua en el suelo de la cocina y dejaba que el pequeño tirara cosas en ella. Durante las comidas, colocaba a su alcance pequeños cubos de plástico para que «perfeccionara sus técnicas de lanzamiento». Durante algunos días, siguió sucumbiendo a la tentación de arrojar el biberón al inodoro, y mamá le decía: «No, aquí no es donde debes tirar el biberón». El pequeño se echaba a reír, dando a entender que lo sabía perfectamente, pero que se había salido con la suya, como queriendo decir: «Ya lo sé, ¡pero no has podido evitarlo!».

Quizá tenga que dar a su hijo otra cosa para tirar. En uno de mis cursillos, había un niño al que le encantaba arrojar los envases de plástico de pastillas de chocolate. Su madre le decía:

> «Las pastillas de chocolate son para comer, no para tirar.»

Le llevaba de la mano hasta una cesta de pelotas de espuma y juntos jugaban un rato a lanzarlas.

La idea es muy simple: su hijo necesita algo para practicar el lanzamiento. A usted le corresponde sustituir cualquier cosa que pueda tener a su alcance por los objetos y los lugares adecuados. Déjele tirar las botellas de plástico vacías en el cubo de la basura o los papeles en la papelera, por ejemplo, y luego dígale que lo ha hecho muy bien. Y si le duele la espalda de tanto agacharse para recoger los juguetes que salen zumbando del cochecito, o la comida de la sillita alta, ate unos cuantos objetos para que el pequeño pueda arrojarlos y, luego, recuperarlos tirando de la cuerda.

Herramientas: En lugar de decir «no», diga «sí» —«Puedes tirar cosas. Voy a enseñarte qué y dónde puedes hacerlo»— y ofrezca siempre algo a cambio a su hijo: «El inodoro, ¡ni tocarlo!, pero el fregadero me parece estupendo; el tubo de las pastillas de chocolate no se tira, pero las pelotas de espuma son muy divertidas».

CUANDO SU HIJO
DE 2 A 3 AÑOS...

MUERDE, PEGA O DA EMPUJONES

Situación: A la maestra de preescolar le preocupa un poco que su hijo sea agresivo y brusco con sus compañeros de clase. Esta tarde, sin ir más lejos, ha mordido ha uno de ellos.

Trasfondo: A estas alturas, es probable que el niño pase varias horas al día en la escuela, soportando la frustración derivada de tener que hacer lo que se le manda entre un grupo de niños de su edad. También es posible que ya tenga un hermanito o hermanita más pequeña: ¡lo que faltaba para elevar su susceptibilidad a la enésima potencia!

En ocasiones, estos sentimientos de agresividad son un simple escape y enseguida remiten, pero hay niños que a los cuatro años todavía dan empujones y pellizcos cuando algo marcha mal. Procure, una vez más, encontrar el sentido que se oculta detrás del comportamiento. Es evidente que, de un modo u otro, tendrá que poner fin a este tipo de conducta, pero si lo hace así, su reacción se adaptará mucho mejor a la raíz del problema.

Una niña de tres años no paraba de empujar y pegar a su madre, en avanzado estado de gestación. Sabía muy bien que Maryann estaba preocupada por el nuevo bebé que, en breve, iba a hacer su entrada en escena. Después de una tarde especialmente movidita, mamá habló con su hija acerca de su comportamiento:

«¿Sabes, cariño? Últimamente me has estado propinando un montón de empujones y trompazos, y creo que lo que en realidad deseas es hacer daño al bebé. Debes saber que cuando haya nacido, te seguiré queriendo, seguiremos leyendo juntas, yendo al parque y a la piscina. Van a cambiar muchas cosas, pero esto no, porque siempre serás muy especial para mí.»

Una tarde, la madre de Ellen, de tres años, estaba dando de comer a su bebé de dos meses cuando sonó el teléfono. Salió un momento de la habitación para atender la llamada, y mientras lo hacía oyó chillar al pequeñín. Al preguntarle a Ellen qué había sucedido, la niña fingió no saber nada. Mamá insistió y le dijo que era importante saber por qué había gritado el bebé. Ellen dijo: «Le mordí un pie sin querer. Se le clavaron los dientes». Siguieron hablando del asunto:

Mamá: «Ah, ya... O sea, que se le clavaron los dientes. Veamos por qué sucedió. ¿Porque se te soltaron? ¿Porque se había puesto el sol? [Ellen miraba al suelo avergonzada.] ¿O fue porque el bebé estaba llorando y querías hacerle callar?».

Ellen respondió afirmativamente.

Mamá: «¿Sabes? A mí me ocurrió lo mismo cuando era pequeña. Me gustaba morder a mi hermano. Pero mi madre estaba a mi lado para ayudarme, al igual que yo estoy contigo para ayudarte, porque no puedo dejar que muerdas a Kevin. No puedo permitir que le lastimes, del mismo modo que no puedo permitir que te hagas daño. ¿Qué podrías hacer la próxima vez que sientas deseos de morderle?».

Ellen: «Irme a otro sitio. Así, él estará en otro cuarto y no le veré».

Mamá: «Buena idea. Pruébalo».

Un niño de tres años empujaba y mordía a sus compañeros en el jardín de infancia cuando alguien interfería en su juego o le quitaba algo. Su padre habló con él sobre lo importante que era expresar sus sentimientos con palabras cuando estaba enojado: «Estoy jugando con esto, luego podrás hacerlo tú». También le enseñó algunas cosas que podía hacer para contenerse. Le dijo:

> «Richard, quiero que hagas algo en la escuela. La próxima vez que quieras pegar o morder a alguien, pon las manos detrás de la espalda y respira profundamente tres veces. Entretanto, piensa en lo que podrías decirle al niño para hacerle saber que estás a punto de estallar.»

Este truco funcionó como si fuese un hechizo. Pocos días más tarde, Richard dijo a sus padres que no había mordido a nadie en toda la semana. Era evidente que el hecho de haber sido capaz de aucontrolarse le hacía sentirse satisfecho de sí mismo.

Herramientas: A veces, es preferible dejar que las emociones se disipen por sí solas y esperar hasta más tarde para corregir un determinado comportamiento, ya que cuando el niño se muestra agresivo, le resulta difícil prestar atención y tarda bastante en procesar lo que se le dice.

Si es posible, intente relajar el ambiente. Al igual que muchos padres, nada le saca más de quicio que una conducta tosca y desconsiderada de su pequeño; ¿puede imaginar a su hijo creciendo y convirtiéndose en un matón? Si consigue recurrir un poco al humor mientras establece los límites y reconduce las actitudes del pequeño, todos se sentirán mejor y él sabrá que está de su parte.

Explíquele las consecuencias de su comportamiento:

«Cuando me pegas, me duele; cuando empujas a alguien, pierdes su amistad». Enséñele palabras para usar y acciones sustitutorias para poner en práctica. Más tarde, a partir de los tres años, llegará el momento de que aprenda a compensar sus salidas de tono: si empuja, deberá excusarse, y si hace daño a alguien, tendrá que compensarle.

LLORIQUEA

Situación: «Quiero zumo..., quiero zumo..., zumo, zumo... ¡por favoooor!». Su hijo le está diciendo que quiere zumo ahora mismo, pero no es lo que dice, sino la forma en que lo dice —ese lamento agudísimo, canturreante y lastimero— lo que le trastorna.

Trasfondo: Los lloriqueos suelen empezar alrededor de los dos años y medio, cuando el niño tiene ganas de llorar, pero sabe que ya es demasiado mayor para hacerlo y exige la atención inmediata de papá o mamá. A los padres que asisten a mis cursillos suelo decirles que deben considerarlo como un llanto hablado.

El instinto lloriqueante puede prolongarse hasta los cuatro, cinco o más años. En general, los niños muy pequeños lloriquean porque quieren algo, son incapaces de verbalizarlo bien y se ven obligados a esperar cinco «interminables» minutos o más para ver satisfecho su deseo. También lo hacen cuando están cansados o de mal humor, cuando quieren cosas que saben positivamente que no podrán tener o cuando tienen la sensación de que la vida —papá y/o mamá— está siendo injusta con ellos.

Asimismo, el lloriqueo también puede adoptar la forma de «disco rayado», sobre todo a partir de los tres o cuatro años. El pequeño ha aprendido que si continúa lloriqueando y pidiendo lo que quiere, al final lo consigue: le apetece un dulce mientras hacen cola en el cajero automático o un juguete en el centro comercial; sus padres le dicen «no» tres veces seguidas, hasta que acaban cediendo: le dan la golosina o le compran un juguete. El modelo de conducta ha quedado archivado en su mente y será muy difícil erradicarlo.

Cuando su hijo inicia uno de esos agudos lloriqueos, con una voz que parece proceder del «más allá», salga de la estancia y respire hondo. Luego vuelva, colóquese al nivel del pequeño y dígale:

> «Me gustaría mucho oír lo que tienes que decir, pero deberás hacerlo con una voz que yo pueda entender. ¡Estupendo! Así está mejor. Esa voz la oigo perfectamente. Ahora dime lo que quieras.»

Y como es natural, dispóngase a escuchar.

Otra idea:

> «¡Esa especie de relincho me está rompiendo los tímpanos! ¡Cómo me duelen los oídos! ¿Qué podríamos hacer para ahogarla? Borremos la pizarra y empecemos desde cero.»

Si usted y su hijo suelen mantener una relación de cooperación, es probable que se esfuerce por eliminar rápidamente la cantinela y que hable con su voz normal; es una verdadera delicia ver cómo evolucionan los niños. En una ocasión, una madre dijo a su hija de tres años que dejara de lloriquear, y así lo hizo, aunque no sin apostillar: «No digas "lloriquear", mamá. Se llama "llanto hablado"».

A veces, debería darse cuenta de que su hijo lloriquea porque le ha «condenado» a jugar solo durante un período de tiempo demasiado largo o porque se siente marginado. Déle algo más de usted mismo.

Un pequeño de tres años estaba arruinando la cena de sus padres con su incesante lloriqueo, hasta que papá interrumpió la conversación con su esposa y le dijo:

«¿Sabes qué, Kate? Me parece que no entiendes de lo que están hablando mamá y papá, y quieres unirte a la conversación.»

Le dejaron meter baza en la charla y el lloriqueo cesó de inmediato.

Si lleva mucho tiempo riñendo a su hijo por sus incordiantes lloriqueos, le llevará tiempo romper ese patrón de comportamiento.

Primero, en lugar de encerrarse en el «no» habitual frente a la solicitud inicial del niño —lo que, como bien sabe, da paso al lloriqueo— y teniendo en cuenta que, al final, para no soportar más semejante tortura, no tendrá más remedio que acabar cediendo ante sus deseos, dígale que necesita un minuto para pensarlo. Luego, evalúe si su «no» es razonable: una golosina mientras hacen cola en el cajero automático no tiene nada de malo, sobre todo si la cola es interminable; y comprarle un jueguecito en el centro comercial tampoco es nada del otro mundo, y más cuando hace rato que no pide nada y se está portando como un santo.

Segundo, absténgase de hacer amenazas sin sentido, en general. Si a causa de una determinada conducta, le prohíbe ver la tele durante un mes, el pequeño, y también usted, lo considerará desmesurado. El niño empezará a lloriquear y a fastidiar, y usted tendrá que echarse atrás, reforzando así su hábito de comportamiento.

Tercero, cuando le haya dicho «no» a algo y le haya explicado cuáles pueden ser las consecuencias si no se atiene a las reglas —no jugar con sus amiguitos los dos próximos días—, manténgase firme.

Si su hijo no paraba de lloriquear en casa y le está ayudando a eliminar esa costumbre, cuando por fin deje de hacerlo, elogie su esfuerzo:

«Estás pidiendo muy bien las cosas. No he oído la cantinela en todo el fin de semana. Así es mucho más
agradable estar juntos, ¿no te parece?»

Herramientas: **Identifique sus «puntos de ignición» y
cuente hasta diez para no responder con enfado; tranquilícese antes de intentar corregir el comportamiento de su
hijo. Recurra un poco al humor o la exageración: el mero
chasquido de sus manos dando palmadas junto al oído y
fingiendo un dolor imaginario pueden arrancar la sonrisa
del pequeño.**

**Piénselo dos veces antes de decir «no»; analice la situa-
ción: es posible que, dadas las circunstancias, fuese más
razonable decir «sí». Pero cuando su «no», sea un «no» de
verdad, no se eche atrás.**

**Si ve que con argumentos no va a ningún lado, pro-
póngale borrar la pizarra y empezar de nuevo.**

**Si cambia el comportamiento, dígale que se ha dado
cuenta y que eso le hace sentir muy satisfecho.**

DICE «NO» A TODO, INCLUSO A LAS ACTIVIDADES O A LA COMIDA QUE LE GUSTA

Situación: Le dice a su hijo que se lave los dientes; le responde
que no. Le pregunta si le gustaría un zumo de naranja o de manzana; prefiere el de naranja, pero cuando se lo da, dice: «No, no lo
quiero».

Trasfondo: Entre los dos y los tres años es la edad del «no». Todos
los niños pasan por esta etapa, aunque en unos es más acusada (¡y
más dolorosa para los padres!) que en otros. Al decir «no», el niño

se está autoafirmando. Viene a ser una auténtica declaración de principios: «Yo soy yo. Tengo mi propia identidad y vosotros tenéis la vuestra. Soy Douglas [o Emily]. Ahora que lo he dejado bien claro, consideraré la posibilidad de avenirme a vuestros deseos».

Cuando el pequeño sea un poco mayor y un poco más capaz de hacer las cosas, cuando domine mejor el lenguaje y las técnicas físicas que le permitan vivir el día a día con menos dificultades y menos frustraciones, los «noes» irán remitiendo paulatinamente. Deberá armarse de paciencia para no reaccionar con agresividad y hacer algo de lo que podría arrepentirse. Pero si logra ayudarle a superar esta etapa negativa con respeto, se verá recompensado.

No se complique la vida y evite los forcejeos de poder, dejando que su hijo se salga con el «no» siempre que no sea excesivamente importante. Y cuando sí lo sea y no pueda aceptar de ningún modo su negativa, manténgase firme y explíquele el motivo. Una madre cuya hija no quería lavarse los dientes, le dijo:

> «Ya sé que no te gusta lavarte los dientes. Pero soy tu mamá y tengo la obligación de protegerlos y asegurarme de que están limpios y sanos. Haremos un trato: si quieres comer algunas de las cosas que te gustan, como patatas fritas y pastelitos, tendrás que dejar que te lave los dientes. Me encantaría que supieras hacerlo sola y voy a enseñarte. Pero por el momento, lo haré yo.»

Después de mantenerse en sus trece durante algunos días, observó que cuando a su hija le apetecía algún dulce, le decía: «No me has lavado los dientes, ¿verdad? ¿Lo harás ahora?».

Le ha preguntado a su hijo si quiere helado de chocolate o de fresa, y él le ha respondido que de chocolate, pero al darle el plato, el niño dice: «No, no lo quiero». Usted comenta:

«¡Ah! Creí haber entendido que lo querías de chocolate.»

Tan pronto como empieza a retirarlo del plato, reacciona: «Sí lo
quiero».

Es un típico comportamiento «no». No tire la comida y si
cambia de opinión, no le diga: «No, ahora no te lo daré». Deje que
se la coma. Recuerde que no pretende enojarle, sino que sólo se
está autoafirmando.

Herramientas: **Negocie y ofrézcale alternativas cuando resulte apropiado. Y cuando no haya lugar para un compro-
miso, actúe con empatía y excúsese por obligarle a hacer
aquello a lo que se había negado. Déle esperanzas: dígale
que pronto tendrá un mayor control de sí mismo.**

NO SE DESPEGA DE UN OBJETO
CON EL QUE YA HA JUGADO
O DE UNA ACTIVIDAD QUE YA HA REALIZADO

Situación: Usted y su hijo han pasado un buen rato en el museo
de historia natural, disfrutando de las escenas y experimentando
con las exposiciones interactivas. Mientras se encaminan hacia la
salida, el pequeño ve a otro niño en el diorama de los dinosaurios,
le empuja y le dice: «No puedes mirar los dinosaurios». Al llegar al
vestíbulo, pulsa los botones de un juego interactivo con el que ya
ha jugado, simplemente para que otro niño que se acercaba no
pueda hacerlo.

Trasfondo: No son sólo los juguetes lo que a los niños de dos o
tres años les resulta difícil compartir. A veces, no quieren que nadie
más vea lo que ellos están viendo, canten lo que están cantando o

hablen con su maestra favorita. Aunque ya haya terminado de contemplar a «sus» dinosaurios, de cantar «su» canción o de jugar con «su» maestra, sigue formando parte de un territorio que reivindica como suyo y en el que ningún otro niño debería de poder entrar.

En el caso del museo, su reacción suele ser la de cogerle de la mano, tirar de él hacia la puerta y decirle que los demás niños tienen el mismo derecho que él a hacer las cosas que él hace. Es posible que consiga hacerle andar, aunque no sin una colosal rabieta. Y por más que le hable de igualdad de derechos, todo lo que le diga caerá en oídos sordos, puesto que, en realidad, los niños no comprenden la idea de hacer las cosas por turnos hasta los tres o cuatro años.

Veamos cuál podría ser un enfoque más adecuado:

> «Me consta que te lo has pasado muy bien con esta exposición y con estos juegos, y que no te apetece que nadie más pueda gozar de ello. Pero lo cierto es que también lo han puesto para otros niños.»

Desde luego, no espere que con eso el niño vea la luz y camine pacíficamente a su lado, pero por lo menos apreciará que sepa cómo se siente.

Inmediatamente después, llame su atención y empiece a hablar de otro tema de interés: «Vamos a probar éste de aquí. Parece divertido». Por lo general, a menos que en aquel momento experimente un sentimiento de extremada territorialidad, podrá recanalizar su conducta. En todo caso, si no consigue persuadirle y continúa alejando a empujones a los niños que se acercan a «su» exposición, recurra a la que habría sido su primera reacción: cójale de la mano y lléveselo de allí, aunque llore, proteste y patalee.

En algunas situaciones, debería considerar la posibilidad de que su hijo necesite un poco más de usted. Un niño de tres años era tan posesivo con su maestra de preescolar, que su comportamiento era un problema en clase. Tiraba constantemente de ella para alejarla de sus compañeros, mientras le decía: «Sólo tienes que estar conmigo». Su madre intentó solucionarlo sentándose en el suelo y jugando con él veinte minutos al día, prestándole el cien por cien de su atención y haciendo todo lo que quería su hijo. Como si fuese un milagro, según ella misma dijo, el problema con la maestra desapareció por completo.

Herramientas: **Demuestre empatía con los sentimientos de «yo-mi-mío» de su hijo. Ofrézcale algo a cambio. Pase un rato con él cada día, jugando a lo que él desee.**

ES PROPENSO A LOS BERRINCHES

Situación: Mientras está comprando en la frutería, su hijo se lo está pasando en grande «encestando» una bolsa de uva en el carro. Luego, rompe el plástico y observa cómo la fruta se cae al suelo. Cuando usted la recoge y le llama al orden, le da un berrinche, un berrinche muy sonoro. (Por cierto, los berrinches son muy frecuentes en los supermercados, y la razón es muy simple: tanto la mamá como el niño están cansados y quieren salir cuanto antes.)

Trasfondo: Los niños de tres años, e incluso los de cuatro, se encolerizan constantemente. A veces, da la sensación de que cualquier cosa que se les dice, les saca de quicio. Pero en realidad no lo hacen para exasperarle, sino que están expresando su independencia, están intentando conseguir algo que necesitan: puede que estén exhaustos o sobreestimulados, o quizá últimamente no hayan recibido la suficiente atención por su parte.

Con todo, los berrinches de los tres años no son tan difíciles de resolver como las rabietas del año y medio, ya que ahora su hijo tiene una mayor capacidad de razonamiento y de comprensión del tiempo. Eso significa que usted tiene más herramientas a su disposición.

Con relación a la frutería y las uvas, deje claro al pequeño que no puede hacer lo que está haciendo, y ofrézcale algo a cambio:

> «La fruta no es para jugar. Pero ¿sabes qué? Hoy tenemos que comprar unos rollos de papel higiénico. Vamos a buscarlos y podrás jugar al baloncesto con ellos.»

La sustitución puede ayudarle a superar la cresta de la ola... o no. Como hemos dicho anteriormente, cuando nada da resultado, coja al niño, salga de la tienda y déjele tomar el aire durante un rato. Pero no le deje solo. Esté siempre a su lado.

Una madre y su hijo David se dirigían a casa después de una larga tarde de marketing y escuela, respectivamente. El pequeño pidió hacer un alto en un comercio de golosinas, y cuando mamá le dijo que no, se tiró al suelo, hecho una furia, llorando y gritando.

(Ni que decir tiene que las rabietas públicas son de lo más embarazoso. Los desconocidos comentan: «¿Qué le pasa a este niño» o le dirigen miradas de reprobación, mientras que los conocidos le sonríen y le guiñan un ojo, como queriéndole decir: «A mi también me ha tocado. No te preocupes, se le pasará pronto».)

Veamos cómo hizo frente a la situación la madre de David.

Se inclinó para acercarse a su hijo y le dijo:

> «David, ya sé que estás muy enfadado y muy frustrado, pero ahora no podemos parar en la tienda de chucherías. Me quedaré aquí, a tu lado, pero en un par de minutos tendremos que ir a casa.»

Mientras el niño seguía dale que te pego, estuvo con él, en silencio, sin cruzar una sola mirada con los transeúntes. Consciente de su impotencia y de la irritación que sentía en aquel momento, respiró profundamente para calmarse y no estallar. Después de otro minuto de llanto y pataleta, se inclinó de nuevo y dijo:

«Pronto estaremos en casa, te tomarás un zumo y pensaremos en algo divertido para hacer. Pero primero tendrás que levantarte.»

Por fin, se tranquilizó y se puso en pie. Mamá le cogió tiernamente por el hombro y le dijo:

«Doblamos la esquina y ya estamos en casa.»

Aunque David aún estaba resentido, asintió con la cabeza.

Herramientas: Siempre que tenga que quitarle o negarle alguna cosa a su hijo, ofrézcale algo a cambio; con un poco de suerte, se ahorrará un berrinche de los que hacen historia. Como es natural, cuando el niño se encoleriza, usted tiene los nervios a flor de piel; identifique sus puntos de ignición y procure relajarse.

Cuéntele al pequeño lo que hará a continuación y asegúrele que todo irá mejor; aunque aún no sepa exactamente qué significa pronto, ya es lo bastante mayor como para habérselo oído decir en más de una ocasión y saber que puede confiar en su palabra. Y si las rabietas diarias están convirtiendo la vida familiar en un calvario, piense un poco en el tiempo que dedica a su hijo. Si se ha olvidado de aquellos veinte minutos de juego, recupérelos.

QUIERE EXPLORARLO TODO,
CORRE, TREPA Y SALTA

Situación: Entra en la sala de estar y contempla, horrorizado, que su hijo de dos años y medio está trepando por la librería. O, aunque en general no suele apartarse de su lado, una tarde ve a un amigo en al otra esquina y echa a correr a su encuentro.

Trasfondo: Los niños de esta edad tienen que trepar, correr y saltar, y aunque son más conscientes ahora que hace un año y un año y medio de los posibles peligros que le acechan y de la necesidad de obedecer a papá y a mamá, todavía no controlan sus impulsos a la perfección. La tentación de correr, trepar y saltar es más grande que el deseo de estar seguro y no lastimarse. De hecho, son capaces de superar un sinfín de obstáculos para tener la oportunidad de hacerlo. Además, son más fuertes y más capaces de lo que eran hace algún tiempo, lo que les permite salir indemnes de situaciones cada vez más precarias.

Si su hijo es una especie de mono que escala cualquier superficie vertical en el momento menos pensado, ante todo deberá velar por su integridad física. Asegure las estanterías y los muebles que puedan tentarle, y guarde todo lo que no pueda fijar al suelo o a la pared. Compruebe que las mamparas que protegen las ventanas son robustas y están bien sujetas. Sea como fuere, evite que el pequeño se acerque a ellas, pues podría trepar por ellas.

Luego, facilítele innumerables posibilidades de escalar con seguridad en el parque —hay muchas estructuras especialmente diseñadas para que los niños se suban a ellas— o en las escaleras de la casa.

A un niño de tres años le volvía loco saltar. Cada mañana, de camino a la escuela, él y su madre o su padre pasaban junto a una serie de muros bajos. Garrett se subía a ellos y saltaba. También se subía a la barrera de protección que rodeaba los árboles. Y por la tarde se quejaba de que le dolían las piernas. Sus padres le repetían que no debía saltar tanto, pero Garrett no podía evitarlo. Un día, su madre cambió de estrategia. Antes de salir de casa para ir a la escuela, le dijo:

«Realmente te encanta subirte a cualquier sitio y saltar. Lo haces cada día cuando vamos o volvemos de la escuela y no te gusta que te digamos que no debes hacerlo. El problema es que te duelen las piernas. Veamos cómo podrías saltar sin hacerte daño.»

El propio Garrett pensó en el parque, y dijo que podía saltar desde el borde del cajón de arena. Mamá le respondió que era una excelente idea, y acordaron que no volvería a saltar de vuelta a casa aquella tarde. También se le ocurrió amontonar varios cojines en el suelo de la sala, para que Garrett saltara sobre ellos desde el sofá. Luego, hicieron otro trato: no saltaría desde los muros al ir y venir de la escuela.

Herramientas: **Cambie «no» por «sí» y ofrezca a su hijo algo a cambio: aunque trepar por las librerías debe estar prohibido, hay otros lugares más seguros para hacerlo. Cuando establezca límites, haga partícipe al niño de la solución, pero recuerde que hasta los tres años y medio deberá ser usted quien tome todas las decisiones.**

Eric, de dos años y medio, y su madre paseaban por el embarcadero de un lago, cuando de repente el pequeño se soltó de la mano, corrió hacia la orilla y saltó al agua. Mamá, completamente atónita, hizo lo propio y lo sacó. El niño estaba enfurismado, y tan sucio y empapado que daba pena verle. Le dijo que le había dado un susto de muerte y le explicó lo peligroso que era lo que había hecho y la importancia que tenía la regla de ir siempre cogido de la mano. Cuando ambos se tranquilizaron un poco, condujo a Eric a una zona de aguas poco profundas, para que jugara y perdiera el miedo al agua después de tan desagradable experiencia. Pero diez minutos más tarde, el pequeño echó a correr hacia el embarcadero. Esta vez, su madre consiguió atraparlo antes de que volviera a saltar.

Después de relajarse respirando profundamente durante unos segundos, le dijo:

> «Eric, lo he pasado fatal. Aún no sabes nadar. Además, convinimos en que no te soltarías de la mano en el embarcadero, pero has vuelto a hacerlo. De momento, no dejaré que te acerques al agua.»

Se marcharon del lago y, mientras paseaban, aprovechó para decirle que se hacía un perfecto cargo de cómo debía de sentirse en aquel momento:

> «Sé que es muy emocionante ver a los demás niños saltando al agua. Harás un cursillo de natación y así tú también podrás saltar desde el embarcadero. Pero hasta que no sepas nadar bien, no te alejarás nunca de mí.»

La respuesta al comportamiento de su hijo surtió efecto. Al regresar a la playa del lago, el pequeño estuvo jugando cerca de su madre, y en los días siguientes, pese a que seguía sintiéndose atraído por el embarcadero, no se soltó de la mano.

Herramientas: **Para que su hijo no corra peligro, insista en que no debe alejarse de usted: no es un tema negociable. Si, a pesar de todo, se escapa, explíquele cuáles van a ser las consecuencias de su comportamiento: «Si no eres ca-**

paz de estar cerca de mí, tendremos que marcharnos». Tranquilícese, pero hágale saber cómo influye en usted su conducta: «He pasado mucho miedo». Y no olvide nunca actuar con empatía y darle esperanzas: «Soy consciente de lo divertido que es saltar al agua, y quizá puedas hacerlo algún día».

CONVIERTE EN UN COMBATE LA HORA DE ACOSTARSE

Situación: Por fin ha llegado el momento de que su hijo de tres años se vaya a la cama. O por lo menos eso es lo que usted cree. Pese a haberle concedido veinte minutos adicionales de juego, otros diez en la bañera y haberle leído dos o tres cuentos más de lo previsto, el pequeño continúa solicitando su atención.

Trasfondo: Eso es algo que enseguida exaspera a los padres, ya que después de un largo día, necesitan relajarse un poco y disfrutar de un mínimo de intimidad. Por otro lado, los niños de esta edad están dispuestos a mantener los ojos abiertos hasta que no pueden con el peso de los párpados: hay mucho que explorar y el hecho de acostarse significa poner un punto final a sus inquietudes. También hay veces en que atraviesan una etapa de miedos y necesitan un poco más de reafirmación: es posible que le hayan trasladado a una cama grande o que el advenimiento de un hermanito haya cercenado su espacio vital. En tal caso, será mejor no insistir en que regrese a su cuarto y manejar la situación de un modo diferente.

Cada noche, el padre de Alison le leía un cuento, lo que hacía las delicias de la niña, pero procuraba eternizar los preparativos para acostarse: recoger los juguetes, lavarse los dientes, ponerse el pijama, etc., y las sesiones de lectura terminaban más y más tarde, a pesar de que su padre le repetía hasta la saciedad que hiciera las cosas con algo más de brío. Una noche decidió dejar a un lado tanta palabrería inútil y, al disponerse a leer, dijo:

> Papá: «Cielo, nos quedan diez minutos de lectura, así que sólo nos dará tiempo de leer este cuento cortito».
> Alison: «Pero papaíto, me prometiste leer tres».
> Papá: «Ya lo sé, y me hubiese encantado leerte los tres, pero ha pasado el tiempo y no podremos terminarlos. Espero que mañana no tardes tanto en estar lista y así no volverá a ocurrir. Dejaremos aquí los otros dos cuentos y los leeremos mañana».

Alison no se sintió nada feliz. Se quejó y lloró durante media hora, pero papá no se echó atrás. La escena se repitió las tres noches siguientes, hasta que, súbitamente, los combates a la hora de irse a la cama empezaron a amainar. El deseo de la niña por pasar un ratito de intimidad con su padre, mientras éste le leía un cuento, fue más fuerte que el deseo de protestar, abandonando por completo su actitud remolona antes de meterse en la cama.

Herramientas: **Establezca los límites a la hora de acostarse e insista en ellos, y si su hijo se muestra reacio a meterse en la cama con prontitud, deje que experimente las consecuencias de quedarse sin lectura. Déle esperanzas de que al día siguiente las cosas pueden ir mucho mejor y cambie el «no» por el «sí»: «Sí, leeremos tres cuentos, pero mañana».**

Si el niño se halla en una etapa de salir constantemente de su habitación una vez acostado, analice sus posibles causas. A una madre le gustaba muchísimo finalizar el día acostándose y leyendo o escribiendo cartas. Pero, una y otra vez, su hijo aparecía en el umbral, con una mirada triste y desamparada. Tras innumerables riñas sin resultado, una noche le dijo:

> «Ésta es mi hora de relax, pero veo que tienes problemas para conciliar el sueño. Haremos lo siguiente: te traerás un cuento y te echarás al pie de mi cama. Pero deberás guardar silencio. Quizá me duerma yo primero o tal vez tú.»

Otras noches le permitió traer la manta y el cuento a la sala de estar y acurrucarse en la alfombra, junto a su padre, mientras éste trabajaba. Al cabo de unas semanas de esta rutina, el pequeño volvió a sentirse a gusto en su cama.

Otro niño tenía la costumbre de «tomar como rehén» a su padre en su cuarto, insistiendo en que se sentara a su lado hasta que se durmiera. Papá quería poner fin a aquella situación, y una noche dijo:

> «Alex, sé que no te gusta dormirte solo. Me sentaré aquí durante cinco minutos y luego iré a la estancia contigua, pues tengo cosas que hacer. Pero cada diez minutos vendré a verte, y tú me verás.»

El niño gritó y lloró, pero su padre se mostró inflexible. Hizo lo que le había prometido y, a los pocos días, su hijo solía quedarse dormido antes de la primera «inspección».

La madre de Melissa, que trabajaba todo el día fuera de casa, se veía obligada a librar heroicas batallas con su hijita de tres años a la hora de acostarse. Las nueve, las diez y todo seguía igual. Al final, optó por dejar a un lado todo lo que requería su atención al llegar a casa (la cena, la colada, la correspondencia, las llamadas telefónicas, etc.) y dedicar media hora a su hija, jugando a lo que ella quisiera. Con el tiempo, las protestas de Melissa a la hora de irse a la cama fueron remitiendo.

Herramientas: **Responda con empatía ante el deseo de su hijo de que permanezca a su lado mientras concilia el sueño, pero sin olvidar que también usted tiene sus derechos: no acceda a todo lo que se le antoje.**

No descuide los veinte minutos diarios de juego ininterrumpido, sobre todo si ha estado todo el día fuera de casa, trabajando. En ocasiones, los combates a la hora de acostarse están estrechamente relacionados con el hecho de que el pequeño no ha podido pasar el tiempo suficiente con usted.

No le gusta que le metan prisas

Situación: Es sábado por la mañana y tiene una media docena de cosas que hacer. De manera que tiene que llevarse a su hijo de tres años... pero no consigue hacerle correr.

Trasfondo: Según parece, cuanta más prisa tiene usted, más decidido está el pequeño a ralentizar sus movimientos. En esta edad, los niños se comportan como genuinos espíritus de contradicción: ¡no les gusta que se les diga lo que deben hacer! ¡Y tampoco les gusta apresurarse!

Podría decir: «Tenemos que marcharnos. Tienes un minuto para ponerte el abrigo y reunirte conmigo en la puerta». Pero probablemente su solicitud caerá en saco roto y lo único que conseguirá es que ambos se pongan más nerviosos. Tendrá más oportunidades de lograr su cooperación si puede hacerle entender que si no se da prisa ahora, más tarde dispondrá de menos tiempo para hacer las cosas que le gustan, como pasar la tarde en casa jugando con su amigo o ayudarle a hornear las galletas.

Dígale:

> «Diana, sé que quieres que Ellen venga hoy a jugar. Sería mucho más divertido que tener que ir al supermercado. Pero si lo hacemos ahora, ya no tendremos que pensar más en ello y podrás pasar toda la tarde jugando. Así pues, ¡manos a la obra!»

Imagine que, aun así, Diana permanece impávida. Pase a la fase dos y dígale:

> «Si quisiera ir a jugar con un amigo, también me fastidiaría que alguien me llevara de compras. Se me ha ocurrido una cosa para que te resulte más divertido. Llamaremos a Ellen y hablarás con ella antes de salir, para asegurarte de que está lista para su cita de esta tarde. ¡Ah! ¡Y nos tomaremos un bollo caliente de chocolate!»

Si tampoco funciona, diga a la niña que tienen que marcharse, que debe ir con usted y que, si lo desea, le ayudará a ponerse el abrigo. Ponerla en marcha acarreará algún que otro pataleo y un sinfín de protestas por su parte. Dígale lo siguiente:

> «Siento que las dos nos sintamos tan infelices, pero tenemos que hacer estas cosas. Intentaré que te lo pases lo mejor posible. Quizá cuando dejes de llorar podríamos pensar cómo.»

Herramientas: **Déle algunas alternativas y un poco de control sobre sus actos; puede llamar a su amiga y saber lo que va a suceder más tarde. Pídale excusas por tener que hacer lo que no le gusta, a la vez que deja bien claro lo que acontecerá a continuación. Si las premuras de tiempo son habituales en su vida cotidiana, procure trabajar más asiduamente con el niño para conseguir su cooperación.**

SE MUESTRA REACIO A DEJAR EL CHUPETE O EL BIBERÓN

Situación: Pese a estar a punto de cumplir los tres años, lo primero que sigue pidiendo su hijo al despertarse y lo último antes de acostarse es el biberón. Una negativa desencadena un inmediato tira y afloja de poder.

Trasfondo: Cuando el niño llega a esta edad, muchos padres se impacientan con el biberón y el chupete. Pero algunos pequeños necesitan más tiempo de succión que otros, sobre todo cuando intentan relajarse para conciliar el sueño o, por la mañana, para afrontar mejor el día.

Retire el biberón y el chupete por etapas, explicando al pequeño lo que va a ocurrir. Sea sincero y respetuoso con él, evitando las «desapariciones» repentinas y misteriosas o recurrir a la típica oposición «niños mayores/bebés». Es probable que su hijo reaccione bien al establecimiento de límites: podrá usar el biberón cuando vaya a hacer la siesta, pero no durante la cena; tendrá el chupete en casa, pero no fuera, etc.

Un niño que bebía perfectamente con el vaso durante el día, por la noche era incapaz de dormirse sin el biberón de leche. Su madre quería eliminar este biberón nocturno, especialmente porque el odontólogo le había expresado su preocupación acerca del crecimiento de los dientes del pequeño. Así que le dijo:

> «Philip, sé que deseas tener él biberón cuando te acuestas por la noche, pero el doctor Harris dice que no es bueno para tus dientes. Haremos lo siguiente: sólo podrás beber agua con el biberón. Si lo quieres con agua, te lo dejaré un rato más.»

A Philip no le satisfacía demasiado el agua, pero todavía no estaba preparado para dejar definitivamente el biberón. Mamá decidió dejárselo durante otro mes y, luego, hizo un segundo intento.

Herramientas: **Facilite la retirada del biberón al niño proponiéndole un trato y ofreciéndole algo a cambio. Si es posible, designe un «chico malo» neutral: «El dentista dice que hay que hacerlo».**

Una madre decidió permitir a su hija tener el biberón por la mañana, el único que realmente pedía a gritos, ayudándole a dejarlo durante el resto de las comidas del día. Ponía la leche y el zumo de Erica en un vaso con tapa y dejaba que se acurrucara a su lado mientras bebía. Al principio, la niña se resistió, pero la cálida sensación de estar pegadita a mamá la animó. Por otro lado, la madre rotuló un vaso con el nombre de su hija para el futuro; le dijo:

> «Puedes beber de muchos recipientes. Papá y yo lo hacemos de vasos, botellas y tazas, y tú también podrás hacerlo alguna vez. Éste será tu vaso, lleva tu nombre. Lo guardaremos aquí para cuando sepas usarlo.»

Herramientas: **Mientras ofrece algo a cambio a su hijo, demuéstrele que está a su lado y que le ayudará. Cuéntele lo que sucederá a continuación: «Al final, no necesitarás beber con el biberón y será muy divertido hacerlo con tu propio vaso».**

Una madre se estaba volviendo chalada al ver el omnipresente chupete en la boca de su hijo, y aunque éste estaba de acuerdo en no usarlo al salir de casa, ella quería eliminarlo definitivamente. Dijo:

> «Creo que ya va siendo hora de decir adiós a los chupetes. ¿Qué te parecería si estableciéramos un día para dejar de usarlos?»

Hablaron un poco del tema y Sean eligió Navidad (dos meses más tarde) como día D. Y dio resultado. El día de Navidad, madre e hijo se dirigieron al contenedor de basura de la esquina y el propio Sean tiró los chupetes.

Herramientas: **Implique a su hijo en la solución de abandonar el biberón y el chupete; los niños de esta edad saben perfectamente que deben dejar atrás esa etapa.**

No quiere ayuda
para vestirse

Situación: Está intentando que su supercontorsionista hijo de dos años se ponga la camiseta, los calcetines y los zapatos, pero más que vestirle parece que estén enzarzados en un combate de lucha libre.

Trasfondo: Quizá quiera vestirse solo —se cree capaz de hacerlo— y sus nervios estén cada vez más a flor de piel y se sienta más frustrado a medida que van pasando los segundos y no consigue encontrar el hueco de la manga o las dos piernas acaban en una misma pernera del pantalón.

Cuando crezca un poco y sepa ponerse y quitarse las prendas de vestir sin tantas dificultades, este tipo de escaramuzas de poder irán desapareciendo, aunque también pueden existir otras razones por las que no esté de humor para que le vistan. Entretanto, simplifique la rutina; anímele a trabajar un solo aspecto del proceso cada vez. Dígale:

> «Es difícil ponerse la camiseta del derecho, pero, ¿sabes una cosa? Ayer te pusiste muy bien los calcetines. ¿Qué te parece si tú te pones los calcetines y yo te ayudo con la camiseta?»

Ceda al niño un poco de poder y de control. Es posible que no refunfuñe cuando le ayude a ponerse la ropa si le deja elegir entre la camiseta a rayas o la azul.

Un padre se veía inmerso en constantes y desagradables escenas con su pequeña de tres años a la hora de vestirse. Un día, probó otra táctica. Por la noche, cuando todo estaba en calma, dijo a su hija:

> «Creo que ya no necesitas mi ayuda para vestirte por las mañanas. Puedes hacerlo tú sola. Hay cosas que haces muy bien y otras que deberías practicar un poco más. Hagamos una lista de todo lo que puedes hacer tú sola.»

Confeccionaron la lista y papá diseñó un tablero con unas simples figuras adhesivas, indicando lo que Janet podía y debía hacer: quitarse el pijama, sacar la camiseta, las braguitas y los calcetines del cajón, abrochar las sujeciones de Velcro de las playeras, ponerse la chaqueta antes de salir, etc. Él se ocuparía del resto. Janet se sintió satisfecha de sí misma y las luchas se disiparon.

Herramientas: **Ofrezca alternativas a su hijo. Si tiene algo que decir a la hora de elegir el vestuario, se sentirá menos abrumado por el poder paterno y menos frustrado. Elógiele por lo que sabe hacer y déle esperanzas de futuro respecto a lo que todavía no domina: «El día menos pensado, serás capaz de vestirte solo de la cabeza a los pies».**

SE NIEGA A COMPARTIR UNO DE SUS JUGUETES FAVORITOS

Situación: Su hija insiste en llevarse la bicicleta al parque y en que nadie más debe tocarla. Cuando otros niños intentan montar en ella, les pega y empuja sin el menor miramiento. El juego acaba en llanto. Se pone furioso y usted se enoja con ella.

Trasfondo: A esta edad, los niños aún se hallan en la etapa del «yo-mi-mío». Por lo general, es entre los tres y los cuatro años cuando empiezan a ser capaces de compartir y hacer las cosas por turnos. Sin embargo, siempre que un objeto resulte muy especial para el pequeño, le costará horrores dejárselo a un compañero de juego, aunque sólo sea durante unos minutos.

Un sábado, antes de salir de casa para dirigirse al parque, el padre de la niña que se negaba en redondo a que otro pudiera montar en su bicicleta decidió hablar con ella sobre este particular. Le dijo:

«Oye, ya sé que la bicicleta te gusta con locura. Lo que sucede es que cada vez que vamos al parque, los demás niños quieren jugar con ella y tú ni siquiera les permites que se acerquen. No podremos llevar la bicicleta al parque a menos que seas capaz de dejársela a tus amigos de vez en cuando.»

Becky respondió que no quería hacerlo, y papá replicó:

«Pues entonces, cariño, tendrás que dejarla en casa, y mamá y yo te prometemos que podrás montar en ella en otros muchos lugares. Pero no podemos llevarla al parque y no permitir que otros niños den una vuelta en ella, porque ya sabes lo que ocurre. Lo sabes, ¿verdad?»

Becky se fue a su cuarto y reflexionó un rato sobre el asunto. Luego, dijo a su padre que había cambiado de opinión, que llevaría la bici y que la compartiría. Papá le respondió:

«¿Estás segura? Porque si vamos al parque con la bicicleta y no la dejas a tus amigos, tendremos que regresar a casa. Quiero que comprendas las dos posibilidades: dejarla en casa porque no quieres que nadie se monte en ella o llevárnosla y compartirla.»

El padre decidió probar suerte. Si las cosas iban mal en el parque, estaba preparado para llevar a Becky de vuelta a casa. La pequeña hizo lo que había dicho que haría y, más tarde, papá le hizo saber lo orgulloso que se había sentido de ella al ver que era capaz de compartir la bicicleta con los demás niños. Dijo:

«Me sentí muy feliz al ver lo que hacías. Parecía tan contento aquel niño pequeño montado en tu bici. Me encantó que fueses capaz de dejársela.»

Herramientas: **Reaccione con empatía. A los niños de esta edad les resulta dificilísimo compartir sus juguetes preferidos. Incluya a su hijo en la toma de decisiones, dejando que sea él quien elija. Establezca los límites y deje claras las consecuencias de su transgresión. Elogie su comportamiento, describiendo el efecto que ha tenido en usted y en otros (sus compañeros de juego).**

NO SE ESTÁ QUIETO EN LA MESA

Situación: Ha convencido a su hijo para que venga a cenar. Permanece sentado en la mesa durante medio minuto y luego echa a correr, atrapando, de pasada, una pata de pollo de su plato.

Trasfondo: Es posible que la hora de la cena sea un poco aburrida para el niño, porque papá y mamá suelen dejarle fuera de la conversación. Tal vez sepa que la cena presagia el final del día y quiera jugar un rato más; incluso los niños de dos años tienen su propia agenda mental. O quizá su período de atención sea realmente breve.

Anúnciele varias veces lo que va a suceder:

> «Frankie, la cena pronto estará lista. Tienes tiempo de sobra para terminar el rompecabezas y lavarte las manos.»

> «De acuerdo, dos minutos más. Tenemos macarrones, pollo y pastel de chocolate. Vas a chuparte los dedos.»

Puede que consiga hacerle venir, pero que no logre retenerlo demasiado tiempo. Vaya a buscarle y dígale que le están esperando para comer:

«Sé que no te gusta sentarte en la mesa, pero ahora es hora de cenar. Si te levantas, pensaré que has terminado y retiraré tu plato, pero sé que tienes apetito. Por favor, vuelve a la mesa y come un poco más.»

Mientras esté sentado con la familia, haga un esfuerzo para dirigirle más la palabra, acortando la conversación de adultos y contando algo que despierte su interés.

Lo mejor que puede hacer es pensar con antelación el grado de complicidad que debería de poder esperar y la forma de fomentarlo. Probablemente, por ejemplo, le gustaría que estuviese en la mesa veinte minutos, pero que en realidad empiece a ponerse nervioso a los cinco. Antes de la próxima comida, explíquele su plan:

«Sé que lo pasas fatal sentado en la mesa, sin poder moverte, pero a mamá y a mí nos encanta que cenes con nosotros. Así pues, estarás en la mesa cinco minutos y, luego, podrás levantarte y jugar un rato en el comedor. Más tarde, te llamaremos para que vuelvas y termines de comer.»

Si es posible, comparta sus experiencias con él:

«A veces, cuando mamá y yo vamos a una cena de trabajo y no me interesa en lo más mínimo lo que se está hablando, ¡me imagino que me levanto de la mesa y que salgo a dar un paseo!»

Debería ser capaz de retenerle en la mesa durante una parte de la comida y, por lo menos, ¡evitar que correteara por la casa con un muslo de pollo en la mano!

Herramientas: **Cuente a su hijo lo que van a hacer a continuación y proporciónele transiciones; le será más fácil ponerse en situación —adoptar una actitud adecuada a la hora de las comidas— si le avisa con la suficiente antelación y tiene la posibilidad de terminar de jugar. Actúe con empatía: dígale que sabe lo duro que es estar sentado y quieto en la mesa, porque a veces a usted también le cuesta. Explíquele el efecto de su comportamiento: «Nos sentimos muy felices cuando cenas con nosotros». Medite sobre lo que puede razonablemente esperar del niño, haga un trato con él e implíquelo en la solución para que todos consigan lo que quieren.**

Se niega a comer

Situación 1: Durante las dos últimas semanas, cada noche libra un combate a la hora de la cena. Su hijo de tres años dice que todo lo que le sirve es repugnante y no quiere ni probarlo.

Trasfondo: Los niños quieren comer, por la simple razón de que no desean pasar hambre. Pero, al igual que nosotros, también tienen sus platos predilectos.

Si las luchas gastronómicas son habituales en su hogar, siéntese con su hijo a principios de semana y dígale:

> «Sé que te encantan los macarrones y el queso, y que también te gustan las hamburguesas y aquellas patas fritas congeladas. Podrás comerlo dos veces por semana. Tú mismo elegirás los días y los anotaremos aquí, en este calendario. Esta tarde iremos a comprarlo al supermercado. También me llevaré otras cosas que nos gustan a papá y a mí, y las comeremos el resto de los días.»

Herramientas: **Respete los deseos del niño. Sea empático con él. Diga «sí»: «De vez en cuando podrás comer lo que quieras». Ofrézcale alternativas. Cuéntele una breve historia que termine satisfactoriamente; ayúdele a darse cuenta que puede contribuir a la buena marcha de la familia.**

Situación 2: (luchas gastronómicas, continuación) El miércoles ha cocinado hamburguesas y patatas fritas, a petición de su hijo, pero dice que le da asco y no quiere cenar.

Trasfondo: En ocasiones, sobre todo alrededor de los dos años y medio y los cuatro años y medio, los niños pasan por una etapa especialmente desafiante, adoptan una actitud y no hay quien les saque de ella. También cabe la posibilidad de que su hijo no tenga apetito o se encuentre mal.

Dígale:

> «Lo siento, cariño, pero éste es el menú que elegiste para esta noche. Mañana habrá otra cosa; tal vez te guste más.»

Quizá cene, quizá no. Si no lo hace, déle leche o un zumo antes de acostarse, para evitar que se deshidrate..., pero no hay nada malo en dejarle con un poco de apetito. Usted no es una cocinera a la carta y ya se ha mostrado lo bastante cooperativa atendiendo sus peticiones.

Herramientas: **Pida excusas a su hijo, imponga unas consecuencias razonables a su conducta: «Si no comes, tendrás apetito» y déle esperanzas: «Quizá mañana estés más contento a la hora de cenar».**

PIERDE EL INTERÉS
POR LOS HÁBITOS DE HIGIENE

Situación: Aunque su hijo ya se había acostumbrado a usar el orinal, de pronto no quiere ni verlo.

Trasfondo: Si el niño tiene dos años o dos años y medio, lo más probable es que usted no se preocupe demasiado por su adiestramiento en los hábitos de higiene, concretamente en lo que concierne a hacer sus necesidades en el baño, pues sabe que acabará entrando en razón. Pero si a los tres años o más todavía no se ha acostumbrado —sobre todo cuando ya lo hacía y luego parece haber perdido el interés—, entonces puede empezar a preocuparse.

Hay muchas razones por las que el pequeño puede desinteresarse por el uso del orinal, aunque ninguna de ellas es excesivamente grave. Quizá se sienta presionado a hacerlo, o quiera seguir siendo «el bebé» de la familia o, una vez desaparecida la novedad que supone utilizar el orinal, considere que es una lata interrumpir el juego para ir al baño.

No se altere ni le riña.

Una niña de tres años que se había acostumbrado a usar el orinal empezó a ponerse en cuclillas en un rincón y a ensuciarse las braguitas. Durante el todo día y, especialmente, antes de salir de casa, su madre le decía cosas como: «Primero iremos al baño para ver si tienes pipí. Eso es lo que hacen las niñas mayores», etc. Un día, cambió de estrategia y le dijo:

«Por ahora, parece como si quisieras ensuciarte las braguitas en lugar de usar el orinal. Llegará el día en que lo hagas, como todo el mundo. Pero creo que aún no estás preparada. Por lo tanto, no volveré a insistir en ello durante las tres próximas semanas.»

Y así lo hizo. Durante ese período de tiempo, mamá y papá dejaron que la pequeña les observara utilizando el baño, para que se diera cuenta de que, efectivamente, aquello era lo que hacía la gente. En ocasiones, antes de ir al baño, lo anunciaban: «Voy al baño antes de salir; así no tendré ganas cuando estemos en el parque», pero sin referirse en lo más mínimo a la niña, aunque también dejaron de llamarla «chiquitina» y otras cosas por el estilo. Transcurrido un mes, la pequeña empezó a ir al baño sola y volvió a acostumbrarse a usar el orinal.

Otra niña de tres años, después de varias semanas utilizando el orinal cada noche, cambió repentinamente de opinión sobre sus hábitos de higiene. Mamá le dijo:

«¿Sabes? Me gustaría que usaras el orinal, pero por lo visto todavía no tienes la intención de hacerlo. Ya lo harás mas adelante.»

Papá y mamá no mencionaron el tema durante algunas semanas, hasta que se fue acercando el día en el que Christine tenía que ingresar en unas colonias de verano, donde algunas actividades (meterse en la piscina, ducharse, etc.) requerían un cierto adiestramiento en los hábitos de higiene por parte de los niños. Mamá dijo:

«Chris, tendrás que usar el orinal si quieres ir a la piscina o ducharte en las colonias. Y estoy convencida de que son cosas divertidas que te gustaría hacer.»

Esta observación no consiguió que la niña cambiara de actitud, pero sus padres estaban dispuestos a recordárselo de nuevo cuando faltasen menos días para la salida. Debería usar el orinal o no podría nadar con los demás niños.

Herramientas: **Dé esperanzas a su hijo, asegúrele que algún día irá al baño con toda naturalidad. Planifique una estrategia conjunta con su cónyuge: bastará con que uno de ustedes riña al pequeño para que su involución sea más acusada, mientras que le ayudarán a salir adelante si el niño ve que tanto papá como mamá usan normalmente el baño. No le obliguen, pero si se niega tendrá que atenerse a las consecuencias, como por ejemplo no poder nadar en la piscina.**

CUANDO SU HIJO
DE 3 A 4 AÑOS...

SE RESISTE A DEJAR DE JUGAR

Situación: Su hijo de cuatro años, después de habérselo pasado bomba en casa de su amigo, se niega a marcharse cuando usted va a recogerlo. Le da diez minutos más y, luego, otros diez, pero no consigue hacerle cambiar de opinión.

Trasfondo: A esta edad, los niños pueden encerrarse en su terquedad cuando están en una casa ajena y tienen por aliado a un compañero de juegos. Entretanto, usted se siente francamente irritado, porque le ha tratado con toda la amabilidad del mundo, le ha concedido un período de transición y, por si fuera poco, las cosas no sólo no parecen mejorar, sino que van a peor.

Dígale:

> «Ya sé que te estás divirtiendo muchísimo, que odias tener que marcharte y que me odias a mí por venir a recogerte. A mí tampoco me gusta marcharme cuando me lo estoy pasando bien. Pero ahora tenemos que irnos. Así que ponte la chaqueta y no te olvides la mochila.»

Su hijo continúa negándose:

«No quiero irme. Melissa quiere que me quede. ¿Por qué no puedo quedarme? ¿Por qué tenemos que irnos precisamente ahora?»

Usted replica:

«Veo que es difícil para ti, pero debemos irnos. Concreta un día con tu amigo para que podáis volver a jugar juntos.»

Herramientas: **Actúe con empatía, discúlpese por hacerle tan infeliz y cambie «no» por «sí», diciéndole cuándo puede volver a jugar.**

A pesar de sus esfuerzos, es posible que el pequeño decida seguir jugando con su amigo. Dígale:

«Cariño, comprendo lo duro que es para ti, pero es hora de ponerse en marcha. ¿Vas a ponerte la chaqueta y a coger tus cosas o tendré que hacerlo por ti? Tú decides.»

Habitualmente, el combate finaliza en este momento y el niño opta por vestirse solo.

¿Y si continúa ignorándolo? Coja su abrigo, póngaselo y ¡en marcha! Llegados a este punto, es probable que esté demasiado enojado como para intentar una nueva estrategia, pero si aún le queda cuerda, pregúntele:

«¿Qué te haría más fácil marcharte? Dímelo.»

Entonces, quizá le pida una última cosa: quiere que le lleve la mochila y no desea enfundarse la chaqueta hasta llegar a la calle. Respóndale:

«De acuerdo, me parece muy bien.»

Acto seguido, coja la mochila y encamínese hacia la puerta. Es un instante muy tentador para perder la paciencia y estallar. Puede pensar: «No me gusta cómo me está hablando el niño, después de haberme inclinado ante sus deseos». Y quizá también esté tentado de decir: «Me parece que puedes cargar tú solo con la mochila de marras y ponerte el abrigo, ¡ahora!». Sería un error.

Herramientas: **Prolongue un poco más su empatía. Déle a su hijo una verdadera posibilidad de escoger y de salir con la cara bien alta. Está pidiendo a gritos una pizca de independencia para amoldarse a sus exigencias, pero quiere tener la última palabra. Deje que la tenga.**

SE ENTRETIENE

Situación: Acaba de recordarle a su hija de tres años y medio que casi es la hora de salir para la clase de gimnasia. Veinte minutos más tarde, aún no se ha vestido y se dedica a alinear concienzudamente sus muñecos de peluche en el alféizar de la ventana.

Trasfondo: Al igual que cualquier otro niño de tres a cuatro años, a la pequeña no le gusta sentirse apresurada, y es posible que, aunque con la actividad que sigue en el programa diario suela pasárselo bien, la que está realizando en este momento la tenga totalmente absorbida y no desee interrumpirla; está disfrutando demasiado.

Asimismo, puede ocurrir que el niño arrastre los pies y se entretenga porque desearía recibir un poco más de atención por su parte.

Supongamos que le recuerda, una vez más, a su hija que ya deberían estar de camino al gimnasio, pero ella le responde que preferiría leer un libro, precisamente ahora. Si realmente le gusta la clase de gimnasia, puede estar seguro de que lo que le está pidiendo a gritos es que pase un poco más de tiempo con ella. Dígale:

> «Sé que te gustaría quedarte en casa y que te leyera un cuento. Es una lata que ahora no tengamos tiempo para estar juntos, pero te divertirás muchísimo en el gimnasio.»

A lo que ella podría replicar:

> «¡Léeme el cuento!»

Ha llegado el momento de negociar. Dígale:

> «Te diré lo que vamos a hacer. Mientras te pones el chándal, leeré el cuento en voz alta. Te espera la clase de gimnasia y yo tengo trabajo. Si no nos da tiempo para más, te leeré la mitad ahora y la otra mitad por la noche. Luego, empezaremos otro.»

Herramientas: **Negocie y ceda un poco —acceda a una parte de sus deseos y ella accederá a una parte de los suyos—. Eso es lo mismo que cambiar un «no» por un «sí». Cuéntele lo que va a suceder y déle un poco de esperanza: «Tú irás a tu clase y yo a mi trabajo». Por la noche, la pequeña podrá disfrutar de su compañía y de sus cuentos.**

Veamos otra escena muy habitual de remoloneo. Ha salido de casa con su hijo para comprar algo o visitar a un amigo. Usted piensa: «Estoy andando lo bastante lento como para que pueda seguirme». Pero él lo hace a un desesperante paso de tortuga, obligándole a detenerse cada dos por tres y a esperarle. Cuando llega a su altura, le coge de la mano y le dice:

> «Te repito que debes andar un poco más deprisa. Me sabe muy mal, porque veo que quieres andar lento y mirarlo todo. Pero si no nos damos prisa, llegaremos tarde y luego no tendrás tiempo para jugar.»

Herramientas: **Pídale excusas por tener que apretar el paso cuando en realidad preferiría entretenerse en cada escaparate. Indíquele cuáles pueden ser las consecuencias y que será más beneficioso para él si responde a su solicitud.**

ODIA LAS RUTINAS

Situación: Su hijo de tres años tiene asignadas unas determinadas tareas en el hogar: ayudar a guardas las verduras en un estante bajo, llevar los platos a la cocina después de cenar y preparar la ropa que deberá ponerse al día siguiente. Lo hace muy bien —se siente importante dentro del núcleo familiar—, hasta que un día, sin un motivo aparente, dice que se acabó. También se resiste a tomar su baño diario, a cumplir con la rutina habitual a la hora de acostarse e incluso a tomar los cereales que tanto le gustan al llegar de la escuela.

Trasfondo: Los niños muy pequeños necesitan rutinas. Es más, las desean, ya que les ayuda a sentirse cómodos y seguros, y a aprender el significado del tiempo. Por otro lado, como bien saben los padres, las rutinas reducen el caos y la confusión familiar al mínimo. Sin embargo, cuando alcanzan los tres o cuatro años, a menudo se sienten cansados de estas repetitivas secuencias de actos, y quieren hacer cosas diferentes.

Si su hijo empieza a negarse a hacer sus tareas en casa, puede recordarle lo que ustedes esperan de él. Dígale:

> «Mi trabajo es cocinar la comida. ¿Recuerdas cuál es el tuyo? El tuyo es llevar los platos a la cocina después de la cena para que pueda lavarlos.»

Si el recordatorio no da resultado, lo más probable es que simplemente esté aburrido de hacer siempre las mismas cosas. Introduzca algunas modificaciones en su programa. Pregúntele si le gustaría cambiar de tareas: sacar las cucharas y los tenedores limpios del lavavajillas o doblar los paños de cocina cuando salen de la lavadora, por ejemplo.

Una madre de dos niños, de tres años y medio y siete, respectivamente, temía los baños nocturnos. Los pequeños discutían a diario para decidir quién sería el primero en bañarse. Pero una vez en la bañera, no querían salir y ponían el cuarto de baño perdido de agua. En un cursillo para padres, le sugerimos que cambiara de enfoque. Primero, discutiría el problema fuera de la hora del baño. La madre les dijo:

> «Ya sé que los dos odiáis el baño, pero aun así debéis estar limpios. Veamos cómo os podría resultar más fácil. Creo que estaría bien que os bañarais un día sí, un día no, en lugar de cada noche.»

Les gustó la idea. Luego añadió:

> «Tenemos que decidir la hora y ceñirnos a ella. ¿Cuándo os apetecería bañaros?»

Los pequeños dijeron que a las tres de la madrugada. Mamá terció, bromeando:

> «¿A las tres de la madrugada? ¡Caramba! ¿Tendré que poner la alarma del despertador y sacaros de la cama?»

Se rieron y respondieron que no. Luego decidieron que un día les gustaría bañarse a las seis y media y otro a las siete y media. Y así lo hicieron. Según manifestó la madre, tras dos meses de continuo estrés, el problema del baño desapareció en un par de días. Los niños siguen quejándose, pero cuando mamá les dice: «¿Lo hacemos de otra forma?», responden que no y cumplen el pacto.

Herramientas: Decida cuáles son las rutinas que hay que mantener y en las que debe insistir; para que una casa funcione mínimamente bien, conviene ceñirse a una secuencia preestablecida a la hora de levantarse y de acostarse. Después, introduzca ligeras variaciones en las rutinas que permitan algún cambio.

Actúe con empatía y, en la medida de lo posible, esté abierto a negociar: puede reducir el baño a días alternos y dejar que sea su hijo quien elija la hora. Implíquelo en la solución, y si usa un poco de humor durante la negociación, todo funcionará mejor.

EXCLUYE O ES EXCLUIDO POR OTROS NIÑOS EN EL JUEGO

Situación: Su hija de cuatro años, de carácter alegre, empieza a salir de la escuela con un semblante cada vez más sombrío, y se dedica a amargarle el resto de la tarde recabando su atención con un incontenible mal humor, gimiendo y sollozando a la menor oportunidad. Después de varios días con la misma conducta y de preguntarle, en vano y con toda la ternura del mundo, qué le sucede, al fin le cuenta que Tessa y otras niñas le dijeron que el pasador que llevaba era una ridiculez y que no volverían a jugar más con ella.

Trasfondo: Solemos pensar que las camarillas, con un comportamiento que casi siempre hace sufrir a los niños excluidos, empiezan a aparecer en plena edad escolar, es decir entre quinto y sexto, cuando de hecho los niños de tres y medio, cuatro y cinco años ya son perfectamente capaces de segregar a un semejante del grupo, generalmente a instancias de uno de ellos, que se erige en «líder», y con frecuencia a raíz de alguna «infracción» de poca importancia, como por ejemplo llevar el pasador equivocado.

Si su hija ha sido objeto de rechazo, necesitará una buena dosis de paciencia para ayudarla a superarlo. El problema irá desapareciendo, pero no de la noche a la mañana. Dígale lo siguiente:

> «Sé lo terrible que es que los compañeros no quieran jugar contigo, sobre todo cuando dicen algo tan tonto como que tu pasador es ridículo. Tú y yo sabemos que no tiene nada de malo tu pasador. ¿Y sabes otra cosa? Creo que Tessa no debe sentirse muy bien consigo misma cuando tiene que decir cosas como ésta. Pero aun así, es terrible. Lo odiaba cuando me sucedía a mí. Tendremos que buscar una forma para que todo vaya mejor mientras dura esta situación.»

Teniendo en cuenta que su hija está convencida de que papá y mamá lo pueden solucionar todo, puede que insista para que vaya a la escuela y les diga a las niñas en cuestión que deben jugar con ella. Si es así, puede decirle:

«Si siguen manteniendo su actitud, puedo hablar con los padres de Tessa, y lo haré, pero las cosas no cambiarán enseguida. Veamos qué más podemos hacer. Invitaremos a jugar a niñas con las que no hayas tenido mucha relación, tú me dirás quiénes pueden ser. También puedo hablar con tu maestra. Quizá te coloque en otra zona de la clase, donde todos quieran jugar contigo. Procuraremos que te lo pases muy pero que muy bien.»

Luego, haga lo que ha prometido. No es fácil abordar a los padres de un niño que está haciendo la vida imposible al suyo; tendrá más posibilidades de éxito si plantea el tema con comprensión y en un tono no amenazante: «Es difícil de creer que estos pequeños excluyan a otros compañeros, pero mi hija ha sido segregada del grupo y estaba pensando si sería posible que le dijeran algo a Tessa para que intentara suavizar la situación. Les estaría muy agradecido si lo hicieran». Probablemente no conseguirá mucho, pero por lo menos ya puede decirle a su hijo que lo ha intentado.

Si el rechazo continúa, la niña se sentirá infeliz y le recordará que «el líder» le sigue ignorando. Exprésele su insatisfacción y ayúdele a concentrarse en las cosas que marchan viento en popa:

«Ya lo sé, y tendremos que suponer que es un egoísta si continúa tratándote con tanta indiferencia. Pero dime, ¿qué tal te lo has pasado hoy con Carolyn jugando en su casa?»

Después de todo lo sucedido, es probable que se haya divertido muchísimo con ella y que también desee invitar a Erin. Con el tiempo, el líder de la camarilla perderá su poder y el rechazo llegará a su fin.

Herramientas: Si alguna vez un problema infantil exigió la empatía de los padre, se trata de éste. Para un niño es muy doloroso verse excluido por sus compañeros, un dolor que la mayoría de nosotros aún recordamos vivamente de nuestra infancia. Le resultará de gran ayuda saber que usted sabe cómo se siente.

Explíquele lo que va a suceder en un futuro inmediato —las cosas no van a mejorar en un santiamén, pero hay que intentarlo; déjele participar en la solución—, organizando tardes de juego en casa con otros compañeros, por ejemplo.

Mary, de tres años, había invitado a jugar a casa a dos amigos. Al rato, ella y un niño siguieron jugando, dejando a un lado a la otra niña. La madre de Mary se dio cuenta y dijo a su hija:

> «Sally parece muy triste hoy. Se siente como si nadie se ocupara de ella. ¿Cómo te sentirías si fueses a casa de Sally y ella jugase con otro niño, dejándote fuera? Debe ser horrible sentirse excluido.»

Mary bajó la mirada y dijo: «De acuerdo». Aquello bastó para resolver el problema. En su próxima cita, todo fue como una seda entre los tres.

Pero imaginemos que Mary hubiese insistido en su actitud excluyente. En tal caso, su madre hubiese tenido que imponer unas consecuencias razonables a su comportamiento:

> «Nadie puede estar excluido si le invitas a jugar a tu casa. Ya hablamos de esto en otra ocasión. Será mejor que juegues sola durante un par de días.»

Asimismo, mamá debería averiguar si su hija se comporta del mismo modo en otros grupos o si será suficiente con poner fin a los tríos durante algún tiempo.

Herramientas: **Explíquele el efecto que tiene su conducta: por su culpa, los demás se sienten muy desdichados. A los padres les preocupa que sus hijos puedan experimentar un sentimiento de culpabilidad. Pero conviene distinguir entre culpabilidad positiva y culpabilidad negativa. Decir a un niño que come muy poco: «Me entristeces mucho cuando no comes», equivale a imponerle una culpabilidad negativa, pero decirle: «Estás hiriendo los sentimientos de tus amigos cuando les tratas así», es una culpabilidad positiva, ya que fomenta la sensibilidad y las buenas acciones. Explique a su hijo cuáles serán las consecuencias de su comportamiento: se acabó invitar a nadie a jugar en casa durante unos días.**

TIENE MIEDOS

Situación: Una cálida y soleada tarde de primavera lleva al parque a su hijo de tres años para que disfrute de lo lindo montando en el tiovivo. Pero cuando llegan allí, el niño no quiere saber nada de aquellos caballos que dan vueltas y más vueltas, se agarra de su pierna y no hay forma de persuadirle de que cambie de actitud.

Trasfondo: A los tres, cuatro y cinco años, los niños se transforman en pequeñas personas conscientes y «poderosas», son capaces de hacer muchísimas más cosas de las que solían hacer, son físicamente más fuertes, pueden intuir lo que ocurrirá a continuación y ver una parte considerable de un mundo que a nosotros, como adultos, se nos escapa por completo. Pues bien, de vez en cuando, ese mundo les asusta. Es muy normal que los pequeños de estas edades tengan miedo de los animales, de las películas, de la hora de acostarse, de la oscuridad, de los ruidos, de los payasos, de los minusválidos y de una interminable cantidad de objetos y circunstancias que menoscaban su capacidad de autocontrol, pudiendo reaccionar de dos maneras: con timidez o como un «superhéroe».

Los padres tienden a sentirse inquietos ante los miedos de sus hijos e intentan estimularles asegurándoles que no tienen nada que temer. Habitualmente, lo que los pequeños necesitan es empatía y tiempo.

Es muy probable, por ejemplo, que aquel niño del tiovivo esté preocupado por saber cómo conseguirá sujetarse del caballo, cuándo se detendrá y cómo se apeará del mismo. Déle tiempo para observarlo, sin urgirle a subir. Permanezca de pie, con el pequeño aferrado a su pierna, durante veinte minutos o los que haga falta. Cuando se haya hecho una idea de cómo funciona el tiovivo, es posible que quiera montar en él. Y si no, vuelva otro día.

Si el niño se incomoda cada vez que se le aproxima un perro, anticípese a su temor y dígale:

«Sé que te asusta ese perro. Si quieres, podemos cruzar la calle y así no se acercará.»

En uno de mis grupos, una madre contó una historia que demuestra hasta qué punto los niños pueden reaccionar con agresividad como respuesta al miedo. Estaban paseando por un zoo infantil al que había llevado a su hijo de cuatro años, cuando pasaron junto a un expositor que exhibía una inmensa boa constrictor. Sin dejar de mirarla, Paul empezó a saltar a su alrededor y a gritar: «¡Te voy a dar una patada en el culo!» y otras fanfarronadas por el estilo.

Su madre se dio cuenta de que su hijo tenía miedo («Me aterrorizan las serpientes y no querría que a él también le causaran el pánico que me producen a mí», comentó) y le dijo: «¡Vamos, Paul, no tendrás miedo de esa serpiente! No puede hacerte nada». El niño gritó más fuerte. Luego, confesó un poco avergonzada, otra madre que estaba junto a nosotros optó por un método mucho más apropiado. La mujer dijo a Paul:

«Es una serpiente realmente grande, ¿verdad? Es más grande que tú y yo juntos.»

El pequeño se tranquilizó, observó la boa constrictor y dijo: «Tengo miedo de esa serpiente».

La mujer le dijo:

«Mucha gente tiene miedo de las serpientes. A mí tampoco me gustan demasiado. Me alegra que esté detrás del cristal, ¿a ti no?»

Paul respondió que también estaba muy contento de que estuviese encerrada y, poco después, él y su madre continuaron tranquilamente la visita al recinto. Era evidente que cuando puso el miedo sobre la mesa, se sintió más aliviado.

Herramientas: **Actúe con empatía: procure que su hijo se dé cuenta de que usted sabe cuáles son sus sentimientos y no le diga ni deje entrever por sus actos que es un error, una cosa de niños o una tontería experimentarlos. Y recuerde: superar los miedos lleva tiempo.**

Se comporta como un salvaje en el coche

Situación: Ha recogido a su hijo de cuatro años y a tres de sus compañeros, y los lleva a casa en coche. No paran de gritar y chillar. El ruido es ensordecedor. Al rato, el asiento trasero se convierte en un cuadrilátero de lucha libre; innumerables papeles y objetos de plástico vuelan hasta el asiento delantero.

Trasfondo: Cuando el niño sea mayor, las mejores conversaciones entre ustedes dos tendrán lugar, precisamente, mientras viajan en coche. Muchos padres descubren que hay algo en el movimiento del vehículo, en la música del radiocasete y en el limitado contacto de ojos que hace que el muchacho se sienta cómodo charlando, propiciando incluso la revelación de ciertas intimidades que, de lo contrario, guardaría para sí. Sin embargo, hasta los cinco años el pequeño suele sentirse incómodo, aburrido e inquieto en el automóvil.

Si proyecta hacer un largo recorrido, deténgase cada hora, aproximadamente, para que los niños puedan corretear un poco. No serían capaces de permanecer sentados durante demasiado tiempo aunque llevara todas las casetes del mundo. A pesar de todo, no olvide tenerlos a punto, además de tentempiés, botellas de agua, un cargamento de servilletas, bolsas de la basura y juegos para viajar en coche, como por ejemplo el veo-veo, contar automóviles por colores o por marcas, etc. También hay juegos magnéticos que resultan muy adecuados en este tipo de ocasiones. Pero cuando los pequeños empiezan a excitarse, no queda otro remedio que hacer un alto.

Dígales:

«Hacéis mucho ruido y me cuesta concentrarme. Necesito más silencio para poder conducir con seguridad. Es importante. Si no podéis calmaros un poco, tendré que detenerme en el arcén.»

Si el ruido continúa, hágalo. Estacione el coche en el arcén, apague el motor, guarde silencio —sin negociar, sin dar explicaciones, sin enojarse— y permanezca así, sentado, durante algunos minutos.

Herramientas: **Cuando se trata de la salud, la seguridad y el código de circulación, usted manda. No debe tolerar conductas salvajes a bordo, no sólo porque es molesto, sino porque además influye en sus reflejos mientras conduce. Parar y permanecer en silencio demostrará que no habla por hablar. Lo más probable es que el ajetreo mengüe sustancialmente.**

Un padre tenía dificultades para que su hija se estuviese quieta en un taxi. Tan pronto como arrancó, la pequeña se subió al asiento para mirar por la ventanilla trasera y empezó a dar saltos. Entonces, pese a las protestas de la niña, papá la obligó a sentarse y la sujetó con firmeza para que mantuviese apoyada la espalda en el respaldo durante el resto del trayecto.

Más tarde, le dijo:

«Siento haber tenido que sujetarte tan fuerte. Ya sé que no te gusta, pero en los taxis no se salta. Sólo así puedo estar seguro de que no vas a lastimarte.»

Herramientas: **Deje bien claras cuáles serán las consecuencias si el niño infringe las normas: «Si saltas en el asiento, tendré que sujetarte». Sea empático y pídale disculpas: «Ya sé que no te gusta que te sujete. Siento mucho no haber tenido más remedio que hacerlo».**

Se sobreexcita con facilidad

Situación: Dos amigos de su hijo han venido a su casa a jugar, y el ambiente se va caldeando por momentos. Los niños gritan y corren por toda la casa, y usted no para de gritarles que se tranquilicen.

Trasfondo: Dos niños pueden empezar a comportarse como verdaderos salvajes, pero tres o más son capaces de alcanzar rápidamente el punto crítico, ya que tienden a contagiarse la energía, a sobreestimularse y a perder el control. ¡Y a estas edades ya corren como locos! También es posible que su hijo se sobreexcite cuando van de visita y los prolegómenos le han puesto a cien, cuando el fin de semana está tocando a su fin y durante las vacaciones y demás días festivos.

Lo primero que debe preocuparle es la seguridad: los niños sobreexcitados se pueden hacer daño.

En la fiesta que habían organizado sus padres, una niña se había descalzado y corría por la casa, de pavimento pulido, en calcetines. Su madre le dijo que volviera a ponerse las zapatillas, ya que podía resbalar. Pero la pequeña respondió: «¡Nada de zapatillas!». Entonces, mamá la sujetó y le advirtió:

> «Una de dos: o vas sólo con los calcetines y te quedas en tu cuarto o te pones las zapatillas y juegas aquí con tus amigos. ¡Tú eliges!»

La niña protestó e intentó desasirse, pero su madre la sujetó con firmeza y le repitió lo que acababa de decirle. La pequeña se calzó y siguió jugando con sus amigos.

Conseguir que un grupo de niños de cuatro años, de por sí superdinámicos y, por si fuera poco, hiperestimulados por la algarabía propia de una fiesta de cumpleaños, se sosieguen requiere energía y atención, sin que esté de más dominar alguna que otra técnica propia de un maestro de ceremonias. Procure anticiparse a los hechos. Si prevé que puede armarse la de san Quintín, guarde un as —o más de uno— en la manga: proponga juegos o actividades relajados, tales como pegar o extender a lo largo del pasillo una tira de papel de embalar y sugerir a los niños que se sienten en el suelo y dibujen un mural con lápices de colores o rotuladores.

Tan pronto como dos hermanos llegaron a la casa de unos amigos de sus padres, preguntaron qué juegos tenían, hablando en voz muy alta y adueñándose rápidamente de la escena. Su madre les amenazó con marcharse si no se comportaban, pero el anfitrión de la casa enseguida se dio cuenta de que los pequeños estaban sobreexcitados y que apenas hacía unos minutos que acaban de salir de un largo encierro —el viaje en automóvil había sido más que considerable— y encontró una forma mejor para tranquilizarlos. Les dijo:

> «Sé que llevabais mucho tiempo esperando poder hacer esta visita y que habéis pasado mucho tiempo encerrados en ese coche. Aún falta para que anochezca. Así pues, propongo trasladar la fiesta al patio y podréis jugar al aire libre.»

Todos salieron, y a la media hora de correr y de quemar energías los niños se mostraron mucho más receptivos a las indicaciones de sus padres y entraron en la casa, ya relajados, donde disfrutaron de una opípara merienda y pasaron un buen rato con un juego de construcciones y viendo vídeos de dibujos animados. Uno de los adultos se encargó de comprobar, de vez en cuando, que todo marchaba bien.

Herramientas: Ponga fin a las carreras alocadas, si es necesario sujetando físicamente al niño. Propóngale alternativas: «O te comportas como una fiera y te quedas en tu habitación o te tranquilizas y te unes a la fiesta». Actúe con empatía: «Ya sé que es duro estar encerrado en un coche». Supervise el juego, orquestando las actividades para contribuir a que los pequeños superen su actual estado de desenfreno y se serenen. Y, siempre que sea posible, organice las fiestas al aire libre para que los niños puedan oxigenarse y gastar energías.

QUIERE TODO LO QUE VE

Situación: Ha llevado a su hijo de tres años y medio a unos grandes almacenes de juguetes con el propósito de que elija un regalo de cumpleaños para su amigo, pero de pronto le invade un furibundo ataque de «quiero, quiero». No sabe cómo ingeniárselas para abandonar el local sin comprarle nada y sin que monte una escenita en público. Esa experiencia no es nueva para usted. Ya le sucedió en otra ocasión. Una vez más, se ha visto obligado a hacer algo que no le parece correcto, de lo que se arrepiente y cree que no contribuye en nada a educar el carácter de su hijo.

Trasfondo: A todos nos gustan los regalos, pero a los niños de tres y cuatro años se les hace especialmente dura la espera. Ir a unos almacenes de juguetes —¡sobre todo cuando va a comprar un obsequio para otra persona!— es demasiado tentador para ellos. Si cede ante las demandas de su hijo y le compra algo, cada vez que vuelva tendrá problemas. Pero si se lo propone, puede romper este círculo vicioso.

Así es como una madre ayudó a su hijo a superar los ataques de «quiero, quiero»:

Mientras buscaban algún juguete para el cumpleaños de Wendy, una compañera de clase, el pequeño dijo que no le gustaba comprar para niñas, porque le traían sin cuidado las cosas con las que jugaban. Mamá enseguida vio por dónde iban los tiros y le replicó:

«Ya sé que es más divertido mirar juguetes para chicos y cosas que te gustaría tener. A mí también me gusta comprar cosas para mí, pero ¿sabes qué? Si fuese a comprar algo para ti, buscaría alguna cosa que te gustase. Ahora estamos buscando algo para Wendy; creo que le gustará este oso. Claro que tú preferirías una nave espacial.»

El niño dijo:

«Sí, y conozco otra tienda donde tienen. ¿Por qué no vamos?»

Y mamá:

«Ahora llevo el dinero justo para comprar el regalo de Wendy y un poco más, pero no el suficiente para una nave espacial. Pronto llegará Navidad y lo incluiremos en tu lista.»

Desde luego, el pequeño no quedó extasiado con la sugerencia y volvió a la carga:

«¡Ya veo que voy a salir de aquí sin nada! ¿No podrías rebuscar en los bolsillos por si llevaras algo más de dinero?»

Y su madre le respondió:

«Sé que es difícil para ti ir a una juguetería y ver un montón de cosas que te gustan. Eso mismo me ocurre cuando voy a la zapatería de la esquina y veo muchos zapatos que me encantaría tener. Pero está bien desear algo, y es bonito pensar en cuándo podrás conseguirlo.»

Mamá se mantuvo firme en sus principios y ambos salieron de aquellos almacenes tras haber comprado únicamente el regalo de cumpleaños que habían venido a buscar. Dos días más tarde, fueron a una tienda en la que tenían la soñada nave espacial de su hijo, y la madre pidió al dependiente que guardara una. El pequeño dijo al señor: «Ahora no puedo comprarlo. Está en mi lista de Navidad».

Aunque no se aproxime ninguna ocasión especial, como Navidad o el cumpleaños del niño, considere si sería razonable, y si estaría dentro de su presupuesto, regalarle un juguete nuevo. Podría decirle:

«Estoy pensando que no has tenido ningún juguete nuevo desde hace ya algún tiempo. Te mereces uno. Hoy no, pero el sábado saldremos de compras y veremos si encontramos algo que te guste.»

Conviene que los niños sepan qué parte de los recursos familiares están a su disposición. Unos padres dijeron a sus dos hijos que cada uno podría tener un «juguete al mes», valorado en unas mil pesetas aproximadamente (también hubiesen podido estipular el precio en doscientas o quinientas pesetas, dependiendo de la disponibilidad económica de la familia). Siendo aún muy pequeños, los niños siempre elegían un juguete al mes. Al cumplir los cinco años, cuando ya eran capaces de esperar, a menudo sumaban las asignaciones mensuales de dos meses y compraban algo más grande y de mejor calidad.

En opinión de aquellos padres, su enfoque de las mil pesetas mensuales resultaba muy apropiado para sus hijos, pues les ayudaba a empezar a hacerse una idea de lo que es un presupuesto y contribuía a potenciar su sentido de autocontrol. Por otro lado, con este método consiguieron establecer unos límites claros y reducir las peleas ante la incesante solicitud de nuevos juguetes por parte de los pequeños.

Herramientas: Si su hijo quiere todo lo que ve y usted no tiene más remedio que negarse a sus continuas demandas, reaccione con empatía: dígale que sabe lo difícil que es no conseguir lo que se desea, porque a usted le sucede lo mismo. Déle esperanzas de futuro y le ayudará a comprender que lo que hoy no puede obtener, quizá lo consiga mañana. Y luego manténgase firme en sus decisiones, aunque el niño siga protestando.

No quiere que le vistan

Situación: Le ha dicho varias veces a su hijo de cuatro años que es casi la hora de ir a la escuela y que debe vestirse cuanto antes. Pero como si hablara en chino.

Trasfondo: Los niños de dos años quieren vestirse solos, pero no saben y, con frecuencia, la experiencia les resulta de lo más frustrante, mientras que los de cuatro años pueden hacerlo perfectamente, pero a menudo no lo hacen..., porque están jugando y no quieren dejarlo, porque no están de humor para salir de casa y pasar al punto siguiente de la agenda o porque no les gusta que mamá o papá esté todo el día dándoles órdenes. Asimismo, algunos niños se entretienen una eternidad a la hora de elegir lo que se van a poner.

Según parece, la negativa a vestirse es, junto a la de recoger y guardar los juguetes, uno de los caballos de batalla más habituales en los combates paternofiliales. En mis cursillos, son muchos los padres que afirman que conseguir que sus hijos se vistan y salgan de casa por la mañana constituye uno de sus principales quebraderos de cabeza.

En una ocasión, una madre que ya estaba harta de tanta palabrería matutina, optó por enfocar la cuestión desde otra perspectiva. Fue al dormitorio de su hija y le dijo:

> «Dime lo que piensas hacer para que podamos bajar todos juntos a la cocina y desayunar.»

La pequeña respondió: «Me pondré los pantalones y la sudadera». Así lo hizo. Acto seguido, se dirigió a la cocina para tomar el desayuno. Mamá, con gran asombro, dice que, desde entonces, no han vuelto a tener ningún problema a la hora de vestirse. Era evidente que a la niña le satisfacía la idea de poder hacer mejor las cosas y que lo que no soportaba era tener que salir zumbando de su cuarto a toque de pito.

En el caso de que esta estrategia no funcione, podría decir:

> «Tenemos que marcharnos; tienes que vestirte. Te lo he pedido varias veces. Ahora sólo quedan diez minutos. ¿Quién va a vestirte, tú o yo?»

Si dice que lo hará, utilice un cronómetro. Si suena y no ha conseguido terminar, hágalo usted aunque proteste. La próxima vez, procure que disponga de más tiempo para poder vestirse por completo.

Veamos otro enfoque:

> «Sabes que tienes que vestirte y no lo estás haciendo. Dime por qué no estás listo todavía. ¿Realmente tienes algún motivo para no vestirte?»

Es posible que su hija le diga que desea seguir jugando o, de lo contrario, no querrá ir a la clase de ballet. Escuche sus razones, elógielas si tienen sentido, pero déjele bien claro que es usted quien va a tomar la decisión final sobre si deben salir y cuándo deben hacerlo. Asimismo, puede suceder que la niña opte por no responder y guardar silencio. Pero si en lugar de imponerle su voluntad le pregunta: «¿Qué podríamos hacer para que te sintieras mejor?», se dará cuenta de que está intentando comprenderla y que no se limita a concluir que tiene malas pulgas. A largo plazo, da resultados.

Herramientas: Implique a su hijo en las soluciones y ofrézcale alternativas: **«Puedes hacer esto o tendré que hacerlo yo por ti». Proporciónele transiciones: «Volveré en diez minutos y luego hablaremos de este asunto».**

NO RECOGE NI GUARDA LOS JUGUETES

Situación: El suelo del dormitorio de su hijo de tres años está atestado de juguetes. A decir verdad, las piezas de los juegos de construcciones, los lápices, los animales de plástico entre un largo etcétera de cosas del pequeño cubren muchas superficies de la casa, y aunque le ha dicho que empiece a recogerlo todo, no se da por enterado.

Trasfondo: Se lo está pasando bien y no quiere acostarse o hacer cualquier otra cosa que no le divierte demasiado. Incluso si ha terminado de jugar, ¿qué sentido tiene —se pregunta el niño— recoger los juguetes? Y como es natural, pone a prueba su autonomía ignorando sus solicitudes de orden.

Conseguir que un niño recoja y guarde sus juguetes es una lucha paternofilial de lo más común y desagradable. Se trata de un tema que se suscita muy a menudo en mis cursillos. Los pequeños se niegan a cumplir las órdenes... y después de tres advertencias, mamá o papá está que trina. En uno de los grupos, un padre dijo: «Me dan ganas de gritar: "¡Guárdalo todo ahora mismo o tendrás que vértelas conmigo!"».

Evite este tipo de colisiones frontales y la situación se resolverá más fácilmente. Supongamos que la mesa de la cocina está llena de cuadernos para colorear y de rotuladores. En lugar de decir: «Recoge tus cosas», diga:

> «Tus libros y tus rotuladores ocupan la mesa y voy a necesitar ese espacio dentro de unos minutos, así que tendrás que llevártelos.»

El cuarto de su hijo está lleno de juguetes esparcidos por el suelo. En lugar de: «Es hora de guardar todo esto», podría decir:

> «¡Vaya! ¡Este cuarto es un caos! Está tan lleno que ni siquiera puedo sentarme. Recuerda que más tarde jugaremos al Memory, pero con este lío será imposible.»

Herramientas: **Demuéstrele que sus acciones influyen en usted: será imposible poner la mesa para cenar o no habrá sitio para sentarse. No recoger las cosas también tendrá consecuencias para él: cenará más tarde o más incómodo, pues la cocina estará atestada de juguetes, o luego no podrá pasar un rato jugando con usted.**

He aquí otro método para fomentar la cooperación. Eche un vistazo a la marabunda de juguetes y diga:

> «De acuerdo, tenemos que recoger todo esto. ¿De qué quieres ocuparte? ¿De los soldados y los caballos o

prefieres guardar las piezas del juego de construcciones mientras yo me ocupo de los soldados y los caballos?»

Si le da a elegir una tarea a su hijo, es probable que la lleve a cabo,
y si no, vaya un poco más allá:

«Querías jugar con todos estos juguetes y ahora tendrás que guardarlos. Así es como hacemos las cosas
en esta casa. Empieza tú solo y, luego, si necesitas mi
ayuda, me llamas.»

Déle tiempo. Con frecuencia, los niños necesitan algunos minutos
para decidirse a hacer algo que saben positivamente que deben hacer. Si al regresar, nada ha cambiado, dígale:

«Hay que guardar todos estos juguetes ahora mismo.
Voy a empezar. Si quieres, puedes ayudarme. Pero
¿sabes qué? No está bien que otra persona recoja tus
cosas, sobre todo si esa persona no ha estado jugando
con ellas. Mañana elegirás una o dos cosas para jugar;
lo demás permanecerá guardado.»

Al día siguiente, manténgase firme en las instrucciones que le dio.

Herramientas: **Implique a su hijo en la solución dándole a
escoger entre varias tareas. Déle algún tiempo para asimi-
lar el mensaje. Impóngale consecuencias: «Dado que no te
has esmerado excesivamente al ordenar tu cuarto, la próxima vez jugarás con menos cosas para no tener que recoger tantas».**

Una madre que se enzarzaba muy a menudo en discusiones con su hija sobre el tema de guardar los juguetes y la ropa decidió cambiar de estrategia. Se inventó un cuento:

> «Érase una vez una niña llamada Monica a la que le gustaba mucho jugar. Sacaba un juguete, luego otro, más tarde otro, y al rato había juguetes por todas partes. ¡Nena, vaya amasijo de cosas y qué habitación más desordenada!»

Con el tiempo, fue desarrollando el cuento, con diversas posibilidades a la hora de guardar los juguetes, e incluso incluía una araña que se calzaba cuatro pares de zapatos de Monica y caminaba con ellos hasta el baño. La niña estaba encantada, aunque lo cierto es que aquella noche no guardó demasiadas cosas. Sin embargo, en los días siguientes, comentó su madre, la pequeña se mostró mucho más cooperadora a la hora de recoger.

Herramientas: **Recurra al teatro. Use un poco de humor para conseguir su objetivo. Recuerde que mañana su hijo seguirá estando allí y que, por lo tanto, podrá continuar corrigiendo su comportamiento. Quizá no obtenga una respuesta inmediata, pero con el tiempo las cosas mejorarán.**

TIENE PROBLEMAS PARA COMPARTIR SUS COSAS CON LOS DEMÁS

Situación: Ha llevado al circo a su hijo de tres años y medio y a su mejor amigo. El niño está degustando una enorme bolsa de palomitas. Su amigo le dice: «¿Puedo coger unas cuantas?». Su hijo responde: «No».

Trasfondo: Alrededor de los dos años, cuando se hallaba en la etapa del «yo-mi-mío», su hijo no conocía el concepto de compartir.

Ahora, entre los tres y cuatro años, comprende su significado, pero continúa resistiéndose al tiempo que intenta cumplirlo. En realidad, la principal tarea de este año consiste en aprender a compartir y a hacer las cosas por turnos. Ahora es cuando este proceso empieza a cuajar. Esta tarea la realiza en compañía de sus maestros de preescolar y de sus compañeros de la escuela, pero puede simplificarse considerablemente con la intervención paterna.

Cuando el niño dice «No», usted podría replicarle:

> «Ya sé que es tu bolsa de palomitas y que es una de las cosas que más te gustan. Podrías darle unas cuantas a Tim y él, a cambio, te dejaría probar los caramelos.»

Déjelo ahí. No insista. Déle tiempo para responder y, si es posible, manténgase fuera de cualquier ulterior discusión sobre las palomitas y los caramelos.

¿La idea? Primero, defina claramente lo que le pertenece («Éstas son tus palomitas»); cuando tenga asumido el sentido de propiedad, le resultará más fácil dejar que otro use lo que es suyo. Segundo, sugiérale que le dé un poco a su amigo. Y tercero, deje que sea él quien continúe a partir de ahí: puede compartir o no compartir (a veces hay que saber decir «no»). Si deja que su amigo coja unas cuantas palomitas, más tarde —como un simple comentario, sin darle demasiado bombo al asunto— dígale que estuvo muy bien lo que hizo y que Tim parece muy feliz de haber podido comer palomitas.

Dos niños de tres años y medio se peleaban por un camión volquete. Ambos querían jugar con él. El padre de uno de ellos entró en escena y dijo:

«De acuerdo, sólo hay un camión y lo queréis los dos. Haremos lo siguiente: voy a poner en marcha el cronómetro para que suene dentro de cinco minutos. Ahora, uno de vosotros jugará con él, y a los cinco minutos lo hará el otro.»

Los pequeños respondieron que no querían saber nada de cronómetros. Y papá replicó:

«Si no queréis que utilice el cronómetro, me parece estupendo. Guardaremos el camión.»

Al final, decidieron usar el cronómetro, y papá dio otro vehículo al niño que le tocaba esperar. Todo fue como una seda.

Herramientas: Actúe con empatía, es muy duro para un niño de esta edad ceder sus posesiones. No obligue a su hijo a compartirlo todo sistemáticamente. A estas alturas, ya sabe de lo que se trata. Lo que ocurre es que todavía le resulta difícil y necesita muchísima práctica. Si lo consigue, elogie su comportamiento, dígale que está satisfecho de él y que su compañero también parece estarlo.

Cuando no tenga otro remedio que ayudar a los niños a establecer turnos, desempeñe el papel de supervisor lúdico y ofrezca algo a cambio al niño descontento. Recuerde que usar un cronómetro (una especie de «chico malo» neutral) puede obrar maravillas. Déles a escoger: o un cronómetro o guardar el juguete.

Una madre quería dar algunos juguetes de su hijo de cuatro años a su hermano de dos, pero al darse cuenta de que a Anthony le resultaría muy difícil compartirlos —y que tampoco le haría demasiada gracia que otra persona anduviera husmeando entre sus cosas y que seleccionara aquello con lo que ya no jugaría más—, dijo a su hijo:

> «Anthony, me gustaría que echases un vistazo a tus juguetes y eligieras unos cuantos para Thomas. Seguro que encontrarás algunos con los que no juegas nunca. Si no estás seguro acerca de lo que quieres compartir con él, tómate unos días para pensarlo y decidirlo.»

Al principio, Anthony no dijo nada, pero dos días más tarde reunió unos cuantos juguetes. Su madre elogió su conducta, su hermano estaba muy contento y Anthony se sentía muy satisfecho de sí mismo.

Herramientas: **Si le es posible, introduzca un poco de teatralidad positiva en la situación, planteando a su hijo el hecho de compartir de tal modo que se sienta cómodo y que usted sepa que será capaz de afrontar.**

SE ENZARZA EN PELEAS DE HERMANOS

Situación: Su hijo de un año y medio ha soltado un cachete a su hermana de tres y medio, la cual, a su vez, se lo ha devuelto con creces. En un abrir y cerrar de ojos, los dos se empujan, se golpean y lloran.

Trasfondo: Pegarse es una de las muchas formas con las que los hermanos demuestran no sentirse atemorizados ni amenazados los unos respecto a los otros. Eso es algo que usted ya sabrá perfectamente si tiene dos hijos menores de cinco años. Cuando el mayor se ve obligado a aceptar la dura realidad de que, a partir de ahora

—¡y para siempre!—, va a tener que compartir los padres y la mayoría de los demás aspectos de su vida con un hermano o hermana más pequeña, puede volverse agresivo, posesivo y exigente, o experimentar una regresión hacia su más tierna infancia.

Si sus hijos se muestran agresivos físicamente, evite la tentación natural de decir al mayor: «Ahora eres el mayor. Sabes hacer muy bien las cosas sin recurrir a la fuerza». En tal caso, el mensaje es muy claro: lo más sensato sería optar por la involución y actuar como «un niño pequeño», ya que éstos gozan de más privilegios. Es preferible decir:

> «Recuerda que no está permitido pegar. A su edad, tu hermano todavía no tiene demasiado control sobre sí mismo y se excita con facilidad. Aun así, si te pega, no debes devolverle el golpe. Cuando crezca, dejará de hacerlo.»

No exima de reproche al pequeño. Dígale:

> «Tú tampoco tienes que pegar a tu hermano. Si quieres algo, pídelo o señálalo, ¿de acuerdo?»

Procure andar cerca de donde están jugando y esté alerta para poder terciar de inmediato, si es necesario, recordándoles la regla del «juego limpio». A los cuatro o cinco años ya habrán aprendido a dirimir las disputas por sí mismos. También es una buena idea mantener alejado al hermano pequeño de la habitación en la que el mayor está jugando con sus amigos, diciendo a este último: «Me aseguraré de que tu hermano esté ocupado para que podáis estar tranquilos».

Herramientas: **Al tratar cualquier problema entre hermanos, muéstrese especialmente empático y comprensivo hacia el mayor. Esta estrategia obra milagros. Supervise sus actividades lúdicas para que las situaciones no se extralimiten y enseñe al más pequeño a usar palabras y gestos para expresar lo que desea.**

La madre de Keith, de tres años y medio, dice que su hija era dulce y afectuosa con su hermanita recién nacida, pero cuando el bebé cumplió los ocho o nueve meses y empezó a convertirse en una «personita» simpática y monísima, Keith experimentó un cambio muy brusco, exigiendo de la noche a la mañana la atención exclusiva de papá y mamá. Ese temperamento les volvía locos, sobre todo al término de la jornada. «Estoy rendida —cuenta la madre—, ¡y tengo a Keith pegada a la falda! Querría gritar: "¡Ya basta de seguirme como un perrito! ¡No puedes tenerme siempre para ti sola!".»

Pero se contenía. Durante la fase más pegajosa de su hija mayor, que duró varios meses, intentó que se diera cuenta de que la comprendía perfectamente:

> «¿Sabes? A veces es muy difícil aceptar que Gwen esté aquí, cuando tú y yo solíamos pasar mucho tiempo juntas.»
>
> «En ocasiones, echamos en falta más besos y abrazos, ¿verdad? Eso es algo que le pasa a todo el mundo. Pídemelo cuando sientas esa necesidad.»
>
> «Ya sé que es duro decir buenas noches, pero ahora podremos este cuento aquí y nos esperará hasta mañana.»

De camino hacia la guardería, mamá y Keith paraban unos minutos en una cafetería para desayunar. También le dedicaba —religiosamente— un «tiempo especial» a su hija para jugar a lo que quisiera, sin interrupciones. Y a veces, más tarde, incluso pedía «permiso» a Keith para estar un poco con su hermanita:

> «Gwen se ha portado muy bien jugando en su parque. Creo que tiene derecho a que alguien le preste un poco de atención, ¿no te parece? ¿Qué podríamos hacer? Tal vez podría pasar un ratito con ella al igual que he hecho contigo.»

Herramientas: **¡Compartir a mamá es lo más difícil del mundo! El comportamiento posesivo declinará si actúa con empatía y demuestra a su hijo mayor que está de su parte. No olvide sus veinte minutos de juego diarios con él, cara a cara, una de las herramientas más eficaces para combatir la rivalidad fraterna. Si le dice: «Voy a pasar un ratito a solas contigo», está transformando radicalmente la relación que hay entre los dos.**

Una madre decía que su hija de cuatro años empezó a mostrar una conducta agresiva cuando su hermanito comenzó a coger algunos de sus juguetes, tales como el cochecito, la cunita y la sillita alta de sus muñecas. Aunque Louise ya comía en la cocina con una mesita infantil, por ejemplo, de repente quiso recuperar la sillita alta. Su madre le dijo:

> «Ya sé que quieres sentarte en tu sillita alta. Por otro lado, Elliot también tiene que usarla. ¿Qué crees que podríamos hacer?»

Juntos elaboraron un plan. Mamá despertaría a Louise un poco más temprano para que pudiera desayunar en la sillita alta, mientras su hermanita tomaba el biberón. Luego, sentarían en ella a Elliot para darle la papilla de cereales. El plan funcionó a la perfección durante un par de días. Al tercero, Louise dijo a su madre: «Déjame dormir. Ya soy mayor para sentarme en la sillita alta».

Herramientas: **Muéstrese empático... y luego ayude a su hijo a sentir que controla más la situación, implicándole en la solución del problema. Eso sí, lleva tiempo.**

Quiere jugar a médicos

Situación: El hijo de los vecinos ha venido a casa a jugar con su pequeña. En un momento dado, les encuentra en el cuarto de baño con los pantalones y la ropa interior en los tobillos, examinándose mutuamente su anatomía.

Trasfondo: A los tres o cuatro años, los niños sienten una gran curiosidad por el cuerpo desnudo de los demás niños. A veces, también puede ocurrir que estén simplemente aburridos y que «jugar a médicos» constituya una actividad interesante para ellos.

Ponga fin a este hábito *in situ;* a estas edades, mientras se exploran con toda la inocencia del mundo, pueden hacerse daño introduciendo, por ejemplo, los dedos o un estetoscopio de juguete en la vagina o en el ano, o tirando con fuerza de los testículos.

No obstante, debe ser consciente de que se están haciendo preguntas sobre las diferencias entre los niños y las niñas, y procurar satisfacer su curiosidad sin dar mayor importancia al asunto. Aun cuando se trata de una cuestión delicada que los padres abordan de muy distintas maneras, con mayor o menor permisividad, nuestra opinión, si queremos ser moderados, es que el ombligo constituye un buen tema de conversación, y bastante seguro. Podría decir:

«Creo que estáis muy interesados en saber cómo es vuestro cuerpo. Vestíos, iremos a la sala y hablaremos del ombliguito. ¿No os parece divertido? Antes de nacer, por aquí estuvimos unidos a mamá.»

Y si cree que esta última frase va demasiado lejos, limítese a decir:

«Todos tenemos un ombligo. Al llegar a casa, haced algunas preguntas a papá y mamá sobre él.»

Después, cuente el episodio de los médicos a los padres del otro niño y lo que les ha dicho. Los padres tienen diferentes punto de vista sobre la mejor manera de abordar las cuestiones sexuales, y es preferible evitar cualquier referencia a «cómo se hacen los niños» con los hijos de los demás. Por su parte, no habrá pasado del ombligo, y eso es algo que nadie le podrá recriminar.

Un sábado por la mañana, muy temprano, la madre de Jacob, de cuatro años, estaba echada en la cama y sólo llevaba puestos los pantalones del pijama. Inesperadamente, el niño entró en la habitación, se detuvo y se quedó mirando sus pechos. Mamá no quiso hacer nada que pudiese sugerir a Jacob que había algo malo en su curiosidad, como, por ejemplo, taparse súbitamente o mandarle salir del cuarto, sino que decidió seguir adelante. Dijo:

«Hola, cariño. ¿Quieres darle un abrazo muy fuerte a mamá?»

El pequeño respondió: «Quiero tocarte las tetas».
Su madre, sin perder la calma, replicó:

«Bueno, puedes mirar mis pechos, si quieres, pero no tocarlos, porque podrías hacerme daño. ¿Por qué no vas a la cocina y te tomas un zumo de naranja? Me vestiré y enseguida estaré contigo.»

Más tarde, habló con su hijo de la aparente curiosidad que sentía sobre la diferencia entre los hombres y las mujeres:

«Veo que estás interesado en las diferencias entre los chicos y las chicas. Pues bien, los pechos es algo que tienen las niñas.»

Jacob dijo: «Yo tengo pene». Y su madre replicó:

«Sí, los niños tienen pene. Si tienes más preguntas, házmelas. Tengo un libro que puedes consultar y que muestra claramente esas diferencias.»

A continuación, pidió a Jacob que llamara a la puerta antes de entrar en su habitación. También se aseguró de estar vestida siempre que hubiese la menor oportunidad de que su hijo pudiese entrar. Al principio, antes de acostumbrarse a llamar, le decía que esperara un momento mientras se vestía.

A estas edades, los niños están muy intrigados por el aspecto del cuerpo desnudo. Busque un buen libro infantil que pueda hojear con su hijo en el que aparezcan niños y niñas bañándose desnudos en la playa, por ejemplo. Lo más importante es satisfacer el interés del pequeño de una forma natural.

Herramientas: **Insista en el respeto de la intimidad: que el niño llame a la puerta antes de entrar en su dormitorio. Si sorprende a su hijo jugando a los médicos, supervise sus actividades lúdicas durante algún tiempo y deje bien**

claro que al baño se va de uno en uno. **Quizá pueda entretener un poco al otro mientras espera.**

Si su hijo se halla en la fase de la curiosidad, canalice su interés proporcionándole información y dándole un «sí» por respuesta: podrá ver fotos en algún libro y podrá hacer las preguntas que quiera.

Hace observaciones embarazosas sobre los adultos

Situación: Mientras van por la calle, usted advierte que su hijo está mirando fijamente a una persona muy obesa que se acerca en sentido contrario. Al pasar, el niño la señala y dice: «Está gordo».

Trasfondo: Los niños de tres y cuatro años encuentran muy intrigantes las diferencias entre las personas. El pequeño podría decir: «Qué enano es ese hombre», «Qué negro», «Vaya narizota tiene ese señor». No pretende insultar ni herir a nadie; simplemente se limita a hacer una observación precisa acerca de la belleza, el color, la estatura y demás rasgos físicos que le parecen distintos y curiosos.

Evidentemente, estos comentarios son muy embarazosos para usted, el padre o la madre de este aparentemente malcriado niño, sobre todo cuando lo dice en una voz lo bastante alta como para que lo oiga todo el mundo. Veamos cómo hay que afrontar la situación. Dígale al niño, sin enfadarse ni criticarle:

«Susan, luego hablaremos de esto.»

Acto seguido, si es posible, pida excusas al adulto ofendido («Lo siento, me sabe muy mal») y sigan andando.

Cuando llegue el momento, hable con el niño:

«Susie, sé que no querías herir los sentimientos de aquel señor diciendo que era muy gordo. En efecto, era gordo, pero creo que debe sentirse muy triste cuando la gente le señala y se lo dice.»

Herramientas: **Modele la educación de su hijo: si se excusa ante alguien a quien el niño puede haber ofendido, le está mostrando una forma de ser sensible con los sentimientos de los demás. Explíquele cuáles son los efectos de su conducta; es probable que lo que ha dicho haya resultado muy desagradable para aquella persona.**

LE INTERRUMPE CUANDO HABLA CON OTRO ADULTO

Situación: Ha ido a recoger a su hijo de tres años y medio al colegio y, a la salida, encuentra a unos amigos, los padres de otro niño. Se detiene para conversar, pero el niño le interrumpe constantemente: «¡Mamá! ¡mamá!» y le tira del brazo o de la falda.

Trasfondo: El pequeño está excitado. No hace ni un minuto que acaba de verle, después de un largo día en la escuela, y no está dispuesto a compartirle con nadie. Además, se siente fuera de la conversación.

A menudo, los padres que asisten a mis cursillos narran situación similares. Cuando les piden a sus hijos que esperen un minuto mientras están hablando, su insistencia no hace sino aumentar, colocando a los padres en una situación incómoda frente a sus amigos y enojándose con los pequeños.

Cuando quiera que su hija le deje charlar con alguien, inclúyala brevemente en la conversación..., haciendo las presentaciones, por ejemplo. Diga a su amigo:

«Mary, ya conoces a mi hija Darcy, ¿verdad?»

Seguirán un par de «holas» y otras tantas sonrisas, y la niña no se sentirá fuera de fuego. A continuación, explíquele lo que va suceder:

«Cariño, la señora Smith y yo estaremos hablando durante unos minutos. Luego iremos al parque y tomaremos un refresco.»

Permítale alejarse un poco de usted, siempre que pueda verla, o que corra en círculo a su alrededor. También puede darle un cuento para que se entretenga. Si a pesar de todo le resulta difícil no interrumpirle, póngase de su lado. Dígale a su amigo o amiga que van al parque y que le llamará más tarde para terminar de conversación. Luego, puede decirle a la niña que debería concederle unos minutos, de vez en cuando, para poder hablar con sus amistades, al igual que usted se detiene en más de una ocasión cuando ella encuentra a alguno de sus compañeros en la calle.

Herramientas: **Diga a su hijo lo que va a suceder. Si sabe que pronto va a disfrutar de su atención exclusiva y que van a divertirse juntos, es probable que la espera se le haga más llevadera. Explíquele cuál es el efecto de su comportamiento: de él depende que usted pueda pasar unos instantes agradables con un amigo, lo mismo que usted hace por él. Modele su educación: presente siempre a su hijo.**

CUANDO SU HIJO DE 4 A 5 AÑOS...

SE MUESTRA REACIO A AYUDARLE CUANDO SE LO PIDE

Situación: Ha llamado a su hijo de cinco años para que le ayude a distribuir la ropa limpia por las distintas estancias de la casa. Ni responde ni aparece. Después de cenar, le pide que vaya apilando los platos en el escurridero, pero ni caso.

Trasfondo: Como ya dijimos en su momento, los niños pequeños pueden cansarse de un día para otro de las rutinas familiares, incluyendo los quehaceres domésticos que antes solían hacer con presteza. Pero si su hijo de cuatro o cinco años se resiste a echarle una mano cuando se lo pide, es posible que haya algo más.

Los niños de esta edad dan la sensación de haber crecido mucho en muy poco tiempo, y sus padres empiezan a esperar de ellos un comportamiento más «adulto», como por ejemplo una participación real en las tareas cotidianas del hogar.

Esa tendencia es particularmente probable cuando entra en escena un nuevo bebé. Mamá y papá están siempre ocupados y ajetreados, y el pequeño de cinco años se convierte en el «niño mayor» que se supone que debería cooperar en todo momento. Pero estas expectativas pueden ser excesivas.

Si su hijo ignora sus solicitudes de ayuda, piense detenidamente qué es lo que le está pidiendo y si no será demasiado. Luego, hable con él de este asunto.

Al término de un largo y frustrante sábado —su esposo estaba en viaje de negocios y no había tenido más remedio que arreglárselas ella sola con sus revoltosos hijos de tres y cinco años—, y después de que el mayor se hubiese resistido a hacer tres o cuatro tareas de limpieza, su madre le dijo:

«Necesito que me ayudes más. Ya sé que a veces es difícil ser el hermano mayor, que esperamos mucho de ti y que en más de una ocasión desearías ser el pequeño. Pero si nos ayudamos el uno al otro, todo irá mejor.»

El niño respondió:

«¡No quiero hacer nada de eso! Papá no lo hace. Yo sólo quiero hacer lo que hace papá.»

Y mamá replicó:

«De acuerdo, mamá es diferente. Pero todo es más difícil cuando papá no está, de manera que tenemos que echarnos una mano. Quizá te esté pidiendo que hagas demasiado. Vamos a ver lo que queda por hacer y luego ya decidiremos.»

Confeccionó una breve lista con algunos quehaceres indispensables para el día siguiente y le pidió que eligiera lo que prefiriese. El domingo fue mucho más tranquilo. El niño cumplió lo que había prometido: ordenar la compra del sábado por la mañana, dar de comer a los gatos por la tarde y por la noche y ocuparse de dos o tres tareas adicionales. Su madre le dijo que se sentía muy satisfecha de él y lo distinto que era todo cuando la ayudaba. Hicieron todo el trabajo en la mitad de tiempo, los gatos estuvieron bien servidos y tuvieron más tiempo para jugar en el parque.

Herramientas: **Actúe con empatía. Procure que su hijo sepa lo que va a hacer a continuación y déjele elegir en qué puede ayudarle. De este modo, lo está implicando en las soluciones. Luego, agradézcale su ayuda y elogie su trabajo.**

SE CHIFLA POR LOS SUPERHÉROES

Situación: Su hijo está materialmente enamorado de Luke Skywalker. Más que enamorado: parece creer que es Luke Skywalker; va por ahí blandiendo su sable de luz y se viste como su héroe de la mañana a la noche.

Trasfondo: Muchos niños de cuatro y cinco años se sienten cautivados por un determinado superhéroe o por todos en general, por esas figuras poderosas que no le temen a nada y que vencen a los «malos». A esta edad, con sus florecientes capacidades y su particular conocimiento del mundo, se comportan con un desparpajo muy especial, y se sienten capaces de casi todo. Empiezan a pensar: «Si puedo hacer muchas cosas, ¿qué me impide dominarlo todo?». El apego a los superhéroes procede de la identificación con su agresividad y su capacidad para tenerlo todo bajo su control.

Aunque también es una consecuencia de la vertiente entusiasta y alocada propia de la desenvoltura infantil: «Puesto que no soy lo bastante fuerte como para dominarlo todo..., mi superhéroe lo hará por mí».

La identificación con los héroes y con el lenguaje de los «hombres duros» puede resultar simpática y divertida para los padres, aunque empezarán a preocuparse si esos supuestos comportamientos parecen estar absorbiendo una porción excesivamente grande del tiempo y los pensamientos del niño.

Incluso llegarán a enfadarse —¡y a ordenarle que corte de inmediato con esa actitud!— si su conducta les está sacando de quicio. En una ocasión, después de ver la película *Terminator 2*, protagonizada por el poderosísimo Arnold Schwarzenegger, a un niño de cuatro años (una elección cinematográfica más que dudosa para esa edad) le dio por decir a sus padres: «Hasta la vista, baby» más de cincuenta veces al día. No había forma humana de poner fin a ese hábito. Al final, cada vez que la repetía, su padre y su madre optaron por taparse los oídos y salir de la estancia. El niño no tardó en reaccionar.

Si tiene la sensación de que su hijo come, bebe y respira Skywalker o Superman, si insiste en llevar su ropa y sus armas todo el santo día, si le pide que le llame por el nombre de su superhéroe en lugar de por el suyo propio, si sólo quiere jugar a superhéroes y si todo eso le está volviendo loco y le empieza a preocupar, establezca algunos límites de mutuo acuerdo con él.

Dígale:

> «Sé que te encanta la camiseta de Superman. Lo que ahora debemos decidir es cuándo resulta apropiado llevarla. Puedes ponértela en casa y cuando vayas a ver a la abuela. Y si quieres, puedes dormir con ella. Pero para ir a la escuela y a jugar a casa de tus amigos, te pondrás una camiseta normal.»

Si protesta, puede seguir negociando:

> «La escuela no es un lugar adecuado para vestir como Superman, pero tal vez puedas llevar su camiseta debajo de la camiseta normal una o dos veces por semana. Veamos cómo te queda.»

Cuando vengan sus amigos a jugar a casa, desvíe su atención del dichoso héroe. Antes de que lleguen, sugiérale posibles juegos, y luego inícielos y supervíselos. Por lo demás, procure que el niño pase el máximo tiempo posible al aire libre.

Los superhéroes pueden constituir un elemento positivo en el desarrollo de su hijo. Lean juntos relatos sobre otros personajes importantes cuyas heroicas hazañas no consistan en levantar locomotoras con una mano y destruir la Estrella de la Muerte con un caza de la Federación. De este modo, se dará cuenta de que hay muchas maneras de ser fuerte.

Herramientas: **Con el tiempo, los comportamientos de superhéroe y la jerga de matón desaparecerán. Si le pone los nervios de punta, use un poco de humor para terciar en los delirios de su hijo con una perspectiva más moderada. Eríjase en el supervisor de las actividades lúdicas en casa, proponiendo nuevos juegos. Déle a entender que puede «ser» Superman de vez en cuando, pero no a todas horas, y déjele elegir cuándo podrá serlo entre varias alternativas posibles. Procure que juegue en casa lo menos posible.**

QUIERE GANAR A TODA COSTA EN LOS JUEGOS

Situación: Usted y su hijo se lo están pasando divinamente jugando al parchís, pero cuando usted gana, el tablero y las fichas saltan por los aires. O cuando viene a jugar a casa uno de sus amigos, siempre elige el Tragabolas; es muy hábil con este juego y sabe que siempre va a ganar.

Trasfondo: A los niños de esta edad les encanta ganar. Perder es frustrante y les irrita sobremanera. Muchos padres que conozco opinan que «dejarles ganar» no es una buena solución, porque la vida real no es así y sus hijos no aprenderán a ser deportivos. No se preocupe, no hay nada de malo en perder adrede de vez en cuando (¡aunque no siempre!). Con el tiempo, el niño aprenderá a moderar sus frustraciones. Por otro lado, podrá ayudarle si es consciente de lo que siente cuando pierde.

Supongamos que está jugando al parchís y que su hijo le dice que odia ese juego y que no quiere volver a verlo. Dígale:

> «Creo que lo odias porque he ganado dos veces seguidas. Ya sé que es difícil perder y que no parece justo haber ganado dos partidas. Así es como han ido las cosas, aunque pueden cambiar.»

Es posible que durante otra sesión su hijo gane una partida, pero que, con todo, no se sienta satisfecho, ya que usted ganó dos. Podría decirle:

> «Es estupendo que hayas ganado esta partida, aunque es un fastidio no ganar siempre. Es difícil aprender algo nuevo.»

Con un enfoque de este tipo le está dando una cierta perspectiva sobre el significado del juego en general, al tiempo que le ayuda a concentrarse en el desarrollo y no en el resultado final. Además, está moldeando una conducta positiva: con lo fantástico que es ganar, usted también se siente satisfecho cuando es el otro quien gana.

Considere la posibilidad de acortar un poco las sesiones lúdicas para que la experiencia no resulte tan frustrante para el niño. De vez en cuando elija otro juego, como por ejemplo el Memory, en el que casi con toda seguridad su hijo es mejor que usted; ¡los pequeños siempre nos superan en los juegos de memoria!

Herramientas: **Procure que su hijo se dé cuenta de que empatiza con sus sentimientos: a usted también le gusta ganar. Cambie de juego y elija uno en el que su hijo sea especialmente diestro.**

Si el niño suele tener dificultades con un compañero de juego respecto a ganar y perder, dígale:

«Como es lógico, quieres ganar siempre al Tragabolas; imagínate cómo se debe sentir Robby cuando viene a casa a jugar contigo y pierde una y otra vez. A él tampoco le gusta. Así pues, si tienes que ganar siempre y él no puede perder siempre, creo que tendréis que jugar a otra cosa.»

Su hijo:

«No, yo quiero jugar a esto.»

Y usted:

«Ya lo sé, pero ahora elegid otra actividad que podáis hacer juntos. Voy a guardar el Tragabolas, porque Robby se enfada y no es justo que se pase las tardes así. Quizá la semana próxima puedas intentarlo otra vez.»

Controle las dos o tres citas siguientes. Si su amigo sigue perdiendo todo el rato y sintiéndose un infeliz, recuerde a su hijo el acuerdo que hicieron y sugiérale cambiar de juego.

Herramientas: **Actúe con empatía. Aunque desapruebe su comportamiento, en el fondo comprende su deseo de ganar. Explíquele los efectos que su actitud tiene en los demás. Si continúa planificando los encuentros lúdicos para ganar siempre, su amigo se siente triste y, en realidad, no se divierten ninguno de los dos. Implíquele en la solución. Pídale que piense en otras cosas que podrían hacer juntos y asegúrese de que el nuevo plan se cumple a rajatabla. Explíquele las consecuencias de no hacerlo: si uno de los dos no se lo pasa bien con un juego, deberá proponer otro.**

NO RESPETA LA PROPIEDAD

Situación: Lleva horas enzarzado en la limpieza doméstica general de primavera. Se dirige a su dormitorio y descubre que su hija de cuatro años está utilizando sus rotuladores para «decorar» la colcha.

Trasfondo: En ocasiones, los niños pequeños garabatean las paredes, rompen jarrones o causan desperfectos en los enseres de cualquier otra forma. Habitualmente lo hacen de modo accidental, sin intencionalidad o porque aún no han aprendido dónde y cómo deben usar el material de arte, las pelotas y otros juguetes que ponen en peligro la propiedad si se manejan en casa. Pero otras veces puede esconderse algo detrás de su comportamiento destructivo (está enojado porque se siente marginado en la familia o le frustra que le repitan constantemente que debe «ordenar su cuarto»).

Al ver la colcha echada a perder, casi le da un síncope. Lo más probable es que mande a la niña a su cuarto con una sonora reprimenda.

Mientras se tranquiliza, reflexione un poco sobre lo acontecido. ¿Su hija estaba sentada en la cama, pintando en un bloc cuando, de repente, «llevada por un fervor artístico arrebatador», pensó que su maravillosa obra quedaría preciosa en su colcha? ¿O ha estado intentado, infructuosamente, atraer su atención durante todo el día?

Aplique un poco de disciplina positiva. Dígale:

> «Maddie, ya sabes que los rotuladores son para pintar en el papel. Me enfadé mucho al ver la colcha. Ahora tendré que lavarla. ¿Qué te parece si me ayudas a quitarla de la cama, la metemos en la lavadora, le ponemos jabón y esperamos hasta que esté limpia?»

Implique a la niña en la reparación del daño que ha causado, no como un castigo, sino como una forma de demostrarle que entre sus responsabilidades en la familia se incluye remediar los problemas creados.

Es muy posible que su hija necesitara un poco más de atención por su parte. Mientras hacen esta tarea de limpieza juntas, podría decirle:

> «Ya sé que he pasado todo el día aseando la casa. Si quieres que haga algo contigo, dímelo. A veces, cuando estoy atareada, me olvido, pero me puedes pedir lo que desees. Si crees que ya va siendo hora de que descanse un poco, me lo dices y en paz.»

Asimismo, piense en algunas medidas que puede tomar para evitar que se repita este tipo de conductas. ¿Qué tal si pega en la pared, con un poco de cinta adhesiva, unos gigantes recortados en papel de embalar para que su hija pueda hacer un enorme mural artístico? ¿No habrá puesto demasiados «límites» al juego en casa para evitar que se ensucie o se rompan los objetos decorativos? ¿Ha destinado algún lugar donde su hija pueda jugar a sus anchas y «ponerlo todo patas arriba»?

Herramientas: **Ante todo, tranquilícese, y luego explique a su hijo cuáles son los efectos de su comportamiento: dígale que le sentó fatal ver cómo había quedado la colcha. Asocie unas consecuencias razonables a su acción, implicándole en la búsqueda de una solución para mejorar el estado de cosas, ¡ayudándole a lavarla, por ejemplo! Fomente el uso del lenguaje: «Dime que descanse un poco y que juegue contigo», y respóndale siempre con un «sí», indicándole dónde puede dar rienda suelta a su creatividad artística.**

ACTÚA INDISCIPLINADAMENTE EN LOS LUGARES PÚBLICOS

Situación: Ha salido con su cónyuge y su hijo de cuatro años para reunirse con unos amigos en un restaurante. Pero el pequeño, a base de repiquetear con el tenedor en los vasos, correteando por el comedor, colándose detrás del mostrador, llorando e interrumpiendo la conversación, consigue arruinarle la atractiva velada que había imaginado.

Trasfondo: A estas edades, los niños no aguantan mucho tiempo quietos y comportándose como unos angelitos cuando se ven inmersos en actividades de «mayores» que no les interesan en lo más mínimo. Y como es natural, casi siempre suele coincidir con aquellos momentos en los que usted más espera que se comporten correctamente.

Cuando las cosas van de mal en peor en un restaurante, usted o su cónyuge deberán dar un descanso a su hijo (y a sus compañeros de cena) sacándolo a dar un paseo o acompañándolo a los servicios, y tal vez sea necesario dar por terminado el encuentro un poco antes de lo previsto. Para evitar o moderar en el futuro las desagradables escenitas en público, su mejor ataque es una buena defensa. Planifique unas cuantas acciones preventivas y coméntelas con el niño.

Una madre había quedado con una amiga para cenar e ir al cine, y se empeñó en llevar consigo a su hija de cuatro años. En una ocasión anterior, la experiencia había resultado desastrosa, con un sinfín de lloriqueos y de salidas de tono por parte de la chiquilla. Pero ahora le dijo:

«La última vez que salimos no me gustó oírte llorar y protestar todo el rato, y ya sabes que me cuesta mucho contenerme. Hoy nos lo podemos pasar muy bien con la señora Adams. Puedes llevarte el poni de juguete y los cuadernos para colorear. Así te entretendrás en el restaurante. Una vez allí, ya veremos qué tal te portas y si puedo ir contigo al cine. Si estás cansada, te traeré a casa y te quedarás con Pammy, nuestra vecina, mientras veo la película. Lo decidirás tú.»

Durante la cena, hizo todo lo posible para incluir a su hija en la conversación. Todo fue a pedir de boca.

Cuente a su hijo lo que van a hacer e implíquele en el plan. Dígale:

«Cuando lleguemos al restaurante, deberás estar sentado durante un rato. Todos esperan que lo hagas y que te estés quieto en la mesa. Nos llevaremos un par de cuentos, aunque aun así creo que no aguantarás mucho tiempo. Cuando estés cansado, hazme una señal. Da un golpecito con el salero o cruza los dedos. Saldremos a dar un paseo.»

Un padre llevaba a su hijo a la iglesia cada domingo y conseguía que el pequeño estuviese quieto en su sitio leyendo un cuento o dibujando. Pero también quería que prestara atención a determinados pasajes litúrgicos. Le dijo:

> «Cuando estemos en la iglesia puedes leer y dibujar. No hace falta que escuches todo el rato. Pero cuando quiera que escuches algo, te lo diré y me darás el cuento o el bloc. Luego te lo devolveré.»

Más tarde, dijo al pequeño que se sentía muy satisfecho de que fuese capaz de entretenerse solo durante un rato y de prestar un poco de atención cuando era necesario.

Herramientas: Su hijo tiene que ser respetuoso con la gente que le rodea en un restaurante, en una iglesia o en cualquier otro lugar público. Ayúdele a conseguirlo explicándole lo que espera de él, actuando con empatía («Te resultará difícil estarte quieto»), poniéndose de su lado en todo momento y ofreciéndole alternativas («Puedes sentarse aquí y leer un cuento, escuchar lo que hablamos o salir a dar un corto paseo»). Cuando sea capaz de controlar sus impulsos, elogie su comportamiento.

RESPONDE A LOS ADULTOS CON RUDEZA O AMENAZAS

Situación: Su vecina, una mujer encantadora que, por lo general, le cae muy bien a su hijo de cinco años, viene a casa una tarde para tomar un café y charlar un rato. El niño no sólo no responde a su saludo, sino que además le dice: «No quiero que vengas».

Trasfondo: La vida puede ser difícil para los niños de cuatro a cinco años. Por un lado, disfrutan de una recién estrenada autonomía; se visten solos, abren el frigorífico y cogen su zumo, lanzan una pelota al aire y saben atraparla, etc. Se sienten capaces de hacer un sinfín de cosas.

Por otro, es ahora cuando sus padres, testigos de esta repentina «madurez», empiezan a exigirles conductas y actitudes propias de una persona adulta. Les exhortan a ser menos bulliciosos en público, más aseados, a decir hola y adiós, a estrechar la mano y a sonreír. Pero ellos se resisten. Una forma de sentirse dominador de las situaciones consiste en responder a las solicitudes de un modo rudo o amenazador.

Es muy embarazoso que su hijo le diga a un amigo suyo que se marche o que se niegue a saludarlo. Puede estar tentado de darle una reprimenda allí mismo: «Eso no se dice» o «Cuando alguien te dice hola, tú también debes decírselo», o de excusar su comportamiento: «Johnny está resfriado y no se siente muy bien hoy».

No se presione ni presione a su hijo. Si usted y su cónyuge son educados con los demás, con el tiempo Johnny también lo será. Y cuando haga gala de toda su tosquedad, ignórela y recanalice la atención del niño:

> «Johnny, la señora García ha venido de visita y estaremos charlando durante un rato. Te sacaré el tren para que lo montes. ¿O prefieres el juego de construcción? Vamos, te ayudaré a prepararlo. Luego iremos a la tienda de animales y compraremos alpiste para que des de comer a las palomas.»

Si consigue que el pequeño siente la cabeza antes de la llegada del visitante, todo irá como una seda.

Más tarde, de camino a la tienda de animales, podría decirle con toda la tranquilidad del mundo que, en su opinión, la señora

García se ha sentido mal cuando le ha dicho que no entrara, pero que aun así se lo han pasado muy bien juntas y que está satisfecha de que haya sido capaz de distraerse solo.

Una madre estaba harta de las continuas amenazas de su hijo de cuatro años y medio, que tomaban la forma de: «Si no me dejas..., yo no...». Estos enfrentamientos solían acabar con mamá impartiendo órdenes a diestro y siniestro y el niño obedeciendo con resentimiento. Una noche, el pequeño le dijo:

«No quiero acostarme hasta terminar el dibujo. Si me dejas estar despierto un poco más, mañana me vestiré solo. Si no, no lo haré nunca.»

Y mamá, decidida a probar una nueva estrategia, ignoró la amenaza y replicó:

«De acuerdo. Vamos a probarlo.»

Llegó la mañana y la hora de ir a la escuela, y el niño aún no estaba vestido. Ahora quería un caramelo, y le dijo a su madre que si no se lo daba nunca se vestiría solo. Mamá conservó la calma y respondió:

«Los caramelos no tienen nada que ver con la ropa, y ahora es la hora de la ropa, no de los caramelos. Anoche me dijiste que si te dejaba acostar un poco más tarde, esta mañana te vestirías solo. Sé que acabarás haciéndolo, porque tarde o temprano todo el mundo acaba vistiéndose solo. Pero ahora te vestiré yo, porque es tarde, y se acabaron los caramelos o acostarse más tarde.»

Mamá se sintió satisfecha por no haber cedido a una exigencia irrazonable y porque aquel episodio no había desembocado en un forcejeo de poder, tan habituales hasta la fecha. Por otra parte, encontró otras formas de conceder un poco más de autonomía a su hijo durante el día, para que no tuviese la necesidad de reivindicarlo recurriendo a las amenazas y resistiéndose a hacer lo que ella quería que hiciese.

Herramientas: **Facilite un poco las cosas a su hijo de cuatro o cinco años. Si desea controlar más el entorno, ofrézcale todas las alternativas de elección y decisión que sean compatibles con la buena marcha de la vida familiar. No intente corregir su rudeza con reprimendas instantáneas, sino dándole a entender lo mal que se sienten otras personas cuando actúa de ese modo. Cuando consiga mantenerse ocupado por sí mismo y se muestre cooperador, agradézcaselo.**

DICE: «¡TE ODIO!» O «¡ERES UNA IDIOTA!»

Situación: Su hijo de cinco años ha estado de mal humor desde que ha abierto los ojos esta mañana. Nada de lo que hace le parece bien y la tensión ha ido creciendo paulatinamente. Cuando le dice, muy educadamente, que ya le ha pedido dos veces que vacíe su mochila y lleve la fiambrera a la cocina, el pequeño grita: «¡Te odio! ¡Eres una idiota!».

Trasfondo: Este tipo de situaciones son un auténtico detonante para los padres. ¡Es intolerable oír semejantes palabras en boca de su hijo! Se sienten heridos y se encolerizan. Recuerde, sin embargo, que ni le odia ni piensa que sea idiota. Es posible que otros niños le hayan estado fastidiando todo el día, que esté enfadado y cansado, y que quiera tener más control sobre su vida. Pero cuando se trata de manejar todos estos sentimientos, lo cierto es que su repertorio es aún muy limitado.

Recuerde también que nos esforzamos para que los niños aprendan a usar las palabras en lugar de las manos, los dientes o los pies para expresar su infelicidad, y entonces utilizan palabras que no nos gustan. Y lo hacen por dos razones: porque se dan cuenta, a juzgar por nuestras reacciones, que hay poder en ellas, y porque no están totalmente seguros de lo que significan.

Cuando sea objeto de un arranque de ira de su hijo, resista el impulso normal de responder con gritos a sus gritos: «¡No me hables así! ¡Vete a tu cuarto y no salgas hasta que te lo diga!». Cuente hasta diez y relájese. Luego podría decirle:

> «Te has portado como un loco conmigo. Está bien enfadarse. Todo el mundo se enfada. Pero me duele mucho que me digas estas cosas. Cuando haya algo que no te guste en mi forma de hacer las cosas, dímelo; te escucharé.»

Si no responde a esta sugerencia —probablemente no lo hará—, dé un paso más y pregúntele si le ha sucedido alguna cosa durante el día para estar tan enojado. Si no quiere decir nada, no insista; le está animando a describir sus sentimientos en lugar de manifestarlos mediante el insulto y las palabras ofensivas.

También puede explicarle el significado real de lo que ha dicho:

> «Creo que no sabes lo que quiere decir "odiar". Puedes odiar a alguien que maltrate a un gatito, que le pegue, que no le dé de comer o que lo saque fuera de casa en pleno invierno. Y puedes odiar a esa persona porque está actuando con crueldad.»

Un niño acababa de decirle a su madre que era una perfecta idiota. Ella replicó:

«Óyeme bien, voy a explicarte qué significa idiota. Idiota es aquel que viendo acercarse un autobús echa a correr delante de él. Es de idiotas pelar una manzana y poner el dedo debajo del cuchillo. ¡Una verdadera idiotez! No es idiota quien comete un error u olvida algo.»

Su hijo respondió: «Vale, vale, mamá». De vez en cuando siguió diciendo: «Eres idiota», pero luego se disculpaba. Al final, los idiotas acabaron por desaparecer.

Herramientas: Cuando esté a punto de estallar, cuente hasta diez y tómese el tiempo necesario para calmar sus emociones antes de hablar con su hijo. Explíquele el verdadero significado de las palabras que ha dicho. Luego, hágale saber que los padres también tienen sentimientos y que ha herido los suyos: su conducta le afecta notablemente.

LE GUSTA DECIR PALABROTAS

Situación: «Pipi, caca, pipi, caca, ¡eres un pipi y caca!», grita su hijo de cuatro años.

Trasfondo: A los niños de cuatro y cinco años les encanta decir palabras que irriten a los adultos. Saben que el lenguaje tiene un poder especial, ya que les repetimos constantemente que expresen sus sentimientos con palabras. Después descubren que algunos vocablos sorprenden o molestan a sus padres y eso les hace sentir más fuertes, con más control —¡menuda reacción tuvieron papá y mamá!

Los «pipis» y las «cacas» suelen formar parte del lenguaje infantil; es una forma divertida de referirse los unos a los otros, mientras que a menudo los tacos los aprenden a base de oírlos decir a los adultos y desconocen su significado. Lo único que saben es que son «poderosos», porque la gente los dice cuando está enfadada.

Si a su hijo le resulta irresistible llamarle a usted, a su hermano o a su hermana mayor «cara de pipi», no le reprenda. Por alguna razón, necesita hacerlo. Quizá se siente abrumado por el entorno o ensombrecido por ese hermano mayor en el ámbito familiar. Ponga límites a su actitud y luego procure ignorarla. Dígale:

> «¿Sabes? A papá y a mamá nos gustaría que estuvieses en la sala con nosotros, pero si hablas de este modo no podrá ser. Si quieres decir estas cosas, tendrás que irte a tu habitación. Cuando hayas terminado, sal y pensaremos en algo que podamos hacer juntos.»

Es probable que se encierre en su cuarto, que se quede de pie pegado a la puerta y que repita «cara de pipi-caca» durante diez minutos. Haga oídos sordos y ya verá como no tarda en salir y en comportarse con educación.

Después de soportar el ruido que armaba la maquinaria y los obreros que estaban reparando la calle, un niño de cuatro años se asomó a la ventana y, con su ceceante vocecita, gritó: «¡Callaoz ya, jodidoz cabronez! ¡Hacéiz demaziado ruido!».

Su madre le dijo con firmeza:

> «Esas palabras son muy feas, de manera que no volveremos a decirlas.»

Se dio cuenta de que tal vez las había oído decir a su padre, que solía perder los nervios con facilidad y se ponía hecho una fiera en los atascos de tráfico. Se lo comentó a su esposo y éste prometió esforzarse por adecentar su lenguaje.

Si está seguro de que ni usted ni su cónyuge constituyen un mal ejemplo lingüístico para el pequeño, averigüe si se relaciona con chicos mayores. Si va a al colegio en el autobús escolar, es posible que los muchachos de doce y trece años estén influyendo en él. Dígale:

«Esas palabras son horribles. ¿Dónde las has oído?»

Si efectivamente le responde que suelen decirlas los chicos mayores de la escuela o del autobús, replíquele:

«Desde luego, ésa no es forma de hablar. Esos chicos quizá lo encuentren divertido, pero nosotros, en casa, no.»

Tal vez prefiera explicarle el significado de las palabras que usa. Eso puede ser estupendo siempre y cuando lo haga con sencillez:

«Son palabras coloquiales que algunos adultos educados se dicen en la intimidad, amistosamente, pero que no son adecuadas cuando se está enojado o molesto por algo.»

Herramientas: Ignore al máximo el lenguaje ofensivo de su hijo, pero si continúa, acótelo y explíquele cuáles serán las consecuencias: si quiere hablar así, puede hacerlo en su cuarto (eso es darle un «sí») o en el baño, pero no podrá estar con usted. Planifique enfoques conjuntos con su cónyuge, tendentes a cuidar el lenguaje que utilizan en presencia del niño.

Se muestra autoritario o le ignora

Situación: Unas veces, está hablando con su hija de cinco años, pero ella se comporta como si usted no estuviese ahí, y otras, le da órdenes como si fuese un sargento de caballería.

Trasfondo: A los cuatro o cinco años, los niños son muy obstinados, y es frecuente que reaccionen frente a papá, mamá u otras personas como diciendo: «No te veo o no te oigo» o «Aquí el sheriff soy yo». O le ignoran por completo o se comportan como dictadores.

Cuando su hijo no le preste atención, invéntese un juego de rol:

> Mamá: «Me estás ignorando y eso me entristece. ¿Cómo te sentirías si hiciera lo mismo contigo? Vamos a probarlo. Dime algo.»
> Niño: «Hola, mamá».
> Mamá: (tararea un tango).
> Niño: «¡Mamá..., mamá!».

Pregúntele qué le parece. No le habrá gustado demasiado sentirse ignorado.

Un padre tenía la costumbre de leer un cuento a su hijo de cuatro años y medio antes de acostarse, una rutina que les encantaba a ambos. Una noche, al empezar a leer, el pequeño se puso a hojear un cómic. Papá le pidió —una, dos, tres veces— que hiciera el favor de dejarlo, pero como si lloviera. Al final, le dijo:

> «Me siento como el hombre invisible. Te he pedido varias veces que dejaras el cómic, pero no me has hecho el menor caso. Te gusta que te lea cuentos, pero en lugar de ayudarme, hieres mis sentimientos.»

El niño le pidió perdón. «A veces hago las cosas sin pensar», dijo.

Herramientas: **Explique a su hijo el efecto de su conducta en usted: cuando le ignora, le está haciendo daño.**

Varias niñas de cuatro años y medio jugaban a familias durante una fiesta, y una de ellas llevaba la voz cantante, asignando los roles de madre, de padre, de abuela y de perrito. En un momento dado, cuando una de las pequeñas decidió que ya estaba cansada de ser la abuela, la líder dijo: «Es mi juego y yo elijo lo que tienes que ser».

Cuando los niños alcanzan los cuatro o cinco años, los padres suelen empezar a reducir sus intervenciones y a dejar que resuelvan sus propios problemas. Pero si mientras están jugando, uno de ellos se pasa de mandón y hace enfadar a otro, los padres de éste deberían enseñarle unas cuantas palabras que pudiera utilizar. En aquella fiesta, mamá llamó a su hija y le dijo:

«Si no quieres jugar a esto o no quieres hacer más de abuela, di a Gretchen: "No me gusta esto..., no seré la abuela".»

Niña: «Pero entonces no me dejará jugar».

Mamá: «Si ocurre eso, puedes decir: "De acuerdo, en realidad no quiero jugar a las familias. Jugaré a otra cosa"».

Herramientas: **Cuando el autoritarismo de un niño interfiere en el juego, es preferible no intervenir y dejar que los pequeños solucionen sus dificultades. Pero no está de más enseñar a los presuntos «dominados» algunas palabras para que puedan utilizarlas y fortalecer su posición. Si aun así las cosas no mejoran, el líder debe conocer las consecuencias de su comportamiento: al final, nadie quiere jugar.**

Capítulo 5

EVOLUCIÓN CONTINUADA

Fórmulas para desarrollar
una paternidad positiva

Ser padre, criar y educar a la siguiente generación, es la tarea más importante de todas nuestras tareas, y este libro se ha escrito para ayudarle a realizarla de la mejor manera posible. Mientras guía a su hijo, durante sus cinco primeros años de vida, a lo largo de su camino hacia la independencia y emplea las herramientas de la disciplina positiva, es aconsejable que tenga en cuenta algunas ideas que le permitirán seguir una línea de constante evolución:

Relea las herramientas de vez en cuando. Cuando se aprende a jugar al golf, e incluso cuando ya se es capaz de despertar la envidia de los demás con el *drive* de salida y la precisión en el *green*, siempre se puede mejorar aún más, si cabe, la técnica asistiendo a clases con una cierta periodicidad. Del mismo modo, releer las herramientas le refrescará la memoria sobre los principios básicos de la paternidad positiva, recordándole las actitudes y las acciones que desea adoptar y emprender.

Además, los niños crecen y cambian. Si su hijo tiene ahora un año, volver atrás y releer las herramientas no sólo le será de ayuda, sino que le asombrará en más de una ocasión cuando tenga dos años y medio o tres. Los analizará desde una perspectiva completamente distinta. Los mismos métodos cuyo interés parecía eminentemente académico cuando su hijo o su hija era más pequeño, de pronto adquirirán un nuevo significado.

Por otro lado, usted también necesita un soplo ininterrumpido de esperanza. Muchas de las herramientas no están relacionadas única y exclusivamente con su hijo, sino que le enseñan a concederse un respiro, a controlar, día a día, los objetivos a largo plazo y a no perder de vista la imagen de conjunto. Un mensaje que deberá oír una y otra vez hasta llegar a la meta.

Únase a un grupo de padres. Muchas escuelas, iglesias, asociaciones infantiles, centros pedagógicos y otras instituciones organizan cursillos, charlas, conferencias y grupos para abordar temas relacionados con la paternidad. Aprovéchelo.

Si se reúne con otros padres, intercambiará opiniones y potenciará lo que ya está haciendo bien. Aprenderá lo que puede esperar de los niños en general, verá cómo han solucionado los problemas otras parejas, hallará respuesta a sus preguntas y hará unos cuantos amigos. Los padres no pueden estar solos en su tarea. En este sentido, la experiencia de grupo es fundamental.

Esté en contacto con otros padres cuyos puntos de vista sean similares a los suyos y cuyos hijos tengan la misma edad que los suyos. Llámeles cuando las cosas se pongan difíciles. Se sentirá comprendido, liberará un poco de tensión y colgará el auricular sintiéndose mejor y con una actitud renovada hacia el pequeño.

Sé por propia experiencia que es tranquilizador saber que puedes contar con la ayuda de los amigos.

Esté preparado para lo peor. Unas veces, todos sus esfuerzos serán inútiles, y otras, su hijo se sentirá insatisfecho con la suerte que le ha deparado la vida. Pero nada de eso tiene por qué estar necesariamente relacionado con usted y con la calidad de su paternidad. Es posible que todo sea fruto de la edad o de la fase por la que está atravesando el pequeño, con el día que haya tenido o con su temperamento innato.

Lea otros libros sobre educación de los hijos. En la sección siguiente he incluido una lista de libros que considero útiles y que suelo recomendar a las madres y a los padres que asisten a mis cursillos. Somos muy pocos los que estamos preparados para ejercer la paternidad. Este tipo de libros le ayudarán a adiestrarse, especialmente en lo que se refiere a mantener las expectativas en línea con las capacidades del niño, un aspecto de vital importancia.

¡Lo que he denominado disciplina positiva es un auténtico reto! Lleva tiempo y esfuerzo —menos tiempo y menos esfuerzo a medida que usted y su hijo van comprendiendo mejor el significado de este concepto—, pero las recompensas son extraordinarias. Y lo son en dos sentidos:

Primero, como ya he dicho, porque las luchas diarias decrecen. Menos reprimendas y más diversión.

Y segundo, y ahí reside la verdadera recompensa, siguiendo los principios de *Educar niños felices y obedientes con disciplina positiva* ha animado a su hijo a participar en las soluciones de sus propios problemas y ha fomentado su autonomía. De ahí que cuando entra en la preadolescencia y la adolescencia posee unos excelentes fundamentos para adoptar las medidas más oportunas ante las presiones de sus compañeros y para encontrar la dirección en la que debe avanzar. Ha educado a un niño que es capaz de comportarse con empatía hacia usted y hacia los demás.

Mientras reflexionaba sobre todos estos temas, me vino a la memoria una pareja que había participado en mis cursillos y algunas de las anécdotas que me han contado recientemente.

Un día, Meredith, de diez años, compartió con su profesora ciertas confidencialidades acerca de su hermano mayor, de trece años, por el que sentía una suprema admiración. Se comportaba como si fuese superior, le dijo la niña, pero lo hacía porque era el mejor en un sinfín de cosas. Pero aun así, a veces incluso le disgustaba vivir bajo el mismo techo que él. Era algo que no podía remediar.

Y luego añadió: «¡Creo que estoy celosa de Brian! Pero en realidad no sé por qué. No recibe ni la mitad de atención que yo. Mi mamá pasa mucho tiempo conmigo, me lleva a la escuela, vamos de compras juntas y, a menudo, los sábados también salimos a comer juntas. No tengo ningún motivo para sentir celos de Brian, ¡pero los siento!».

La profesora, impresionada por la claridad con la que Meredith era capaz de identificar lo que se urdía en su cabeza y en su corazón, repitió aquella conversación a su madre, que me la contó a mí. «Al día siguiente —comentó sin poder contener la risa— los dos niños estaban trabajando juntos y perfectamente avenidos en un proyecto informático. ¡La tormenta se había disipado!»

La madre de Jonathan había planeado salir de paseo con su hijo, visitar una tienda de modelismo y comer juntos. ¡Un sábado perfecto! También esperaba a un operario para que hiciera algunas reparaciones en la casa, por la mañana. Pero las cosas dieron un giro imprevisto, pues el trabajo se prolongó durante casi todo el día. Exasperada, dijo a Jonathan: «¡Soy una estúpida! Hubiese tenido que dejarlo para el lunes. ¡No podremos pasárnoslo bien juntos!».

El niño, de diez años, le respondió: «No eres estúpida, mamá. ¡Sólo has cometido un error!».

Mamá: «¡Pero no podremos hacer nada de lo que habíamos previsto!».

Y Jonathan dijo: «Venga, mamá. Ya haremos algo divertido esta noche».

La madre le estrechó entre sus brazos y se sintió inmensamente feliz de que su hijo hubiese sido capaz de concederle tan cariñoso «aplazamiento».

Una niña había sabido ahondar en sus sentimientos, ver de dónde procedían y darle toda una lección de amor hacia su hermano. Un niño había sido capaz de ver más allá de su propia desazón y animar a su madre.

¡Y sus padres tenían sobrados motivos para sentirse satisfechos! Sus hijos actuaban con consideración porque les trataron con em-

patía, recanalizaron su energía hacia acciones positivas, les implica-
ron en las soluciones y elogiaron su conducta cuando hacían algo
correctamente.

Eso es lo que sucede cuando trata a su hijo con el innato respeto que constituye el núcleo de la disciplina positiva: recupera
con creces lo que ha dado.

Notas

CAPÍTULO 2:
EDADES Y ETAPAS CONDUCTUALES

1, p. 22
- Lief, Nina, R., médico, *The First Year of Life*, Nueva York, Walker Publishing Co., Inc., 1991, pp. 146 y 249. Este libro fue una de mis principales fuentes de información sobre las características del desarrollo de los niños de edades comprendidas entre seis meses y un año.

2, p. 23
- *Íbid.*, p. 252.
- Caplan, Theresa y Frank, *The Early Childhood Years: The 2- to 6- Year-Old*, Nueva York, Bantam Books, 1984. Este libro fue una de mis principales fuentes de información sobre las características del desarrollo de los niños de edades comprendidas entre dos y cuatro años.
- Erikson, Erik, *Childhood and Society*, Nueva York, W.W. Norton and Company, Inc., 1993, pp. 247-248.

3, p. 24
- Caplan, Theresa y Frank, *The Second Twelve Months of Life*, Nueva York, Bantam Books, 1985, p. 243. Este libro fue una de mis principales fuentes de información sobre las características del desarrollo de los niños de edades comprendidas entre seis meses y dos años.
- Lief, Nina, pp. 126-127.
- White, Burton, *The First Three Years of Life*, Nueva York, Prentice Hall Press, 1985, p. 133.

4, p. 26
- Oppenheim, Joanne; Boeghold, Betty y Brenner, Barbara, *Raising a Confident Child*, Nueva York, Pantheon Books, 1989, pp. 66-67.

5, p. 27
- Lief, Nina, R., médico, *The Second Year of Life*, Nueva York, Walker Publishing Company, Inc., 1991, pp. 136-137.

6, p. 27
- Lief, Nina, R., médico, *The Third Year of Life*, Nueva York, Walker Publishing Company, Inc., 1991, p. 142. Este libro fue una de mis principales fuentes de información sobre las características del desarrollo de los niños de edades comprendidas entre dos y tres años.

7, p. 29
- Oppenheim, Joanne y otros, pp. 104-105.

Por lo que se refiere a las características del desarrollo infantil entre los dos y los cuatro años, hay que destacar, entre otras fuentes de información, los siguientes libros de Louise Bates Ames y Francis L. Ilg:
- *Your Two-Year-Old: Terrible or Tender*, Nueva York, Dell Publishing, 1970.
- *Your Three-Year-Old: Friend or Enemy*, Nueva York, Dell Publishing, 1995.
- *Your Four-Year-Old: Wild and Wonderful*, Nueva York, Dell Publishing, 1976.

Respecto a la herramienta *Elogie a su hijo* (p. 49):
- Ginott, dr. Haim, *Between Parent and Child*, Nueva York, Avon Books, 1965, pp. 44-52. Saqué de esta obra algunas ideas relativas al uso del elogio.

CAPÍTULO 3:
LAS 30 HERRAMIENTAS DE LA PATERNIDAD

Respecto a las herramientas *Enfatice* (p. 53) y *Espere hasta que las emociones se hayan aplacado* (p. 55):
- Briggs, Dorothy Corkville, *Your Child's Self-Esteem*, Nueva York, Doubleday & Co., 1970, pp. 104-111. Saqué de este libro determinados aspectos referentes a la empatía.

Respecto a la herramienta *Procure que las consecuencias de una mala conducta sean razonables* (p. 64):
- Dreikurs, dr. Rudolf, con Soltz, Vicki, *Children: The Challenge*, Nueva York, E.P. Duttron, 1964, pp. 76-85. Extraje de este trabajo algunas ideas relativas al uso de las consecuencias de una conducta.

Lecturas recomendadas

Ofrezco aquí una lista de libros que me gustan y que recomiendo en mis seminarios. Un asterisco (*): libro que puede usted compartir con su hijo. Dos asteriscos (**): si sólo tiene tiempo para leer uno, éste es el que le recomiendo.

DESARROLLO GENERAL DEL NIÑO

AMES, LOUISE BATES, e ILG, FRANCIS L., *Your Two-Year-Old*, Dell Publishing, Nueva York, 1980.

—, *Your Three-Year-Old*,** Dell Publishing, Nueva York, 1980.

—, *Your Four-Year-Old*,** Dell Publishing, Nueva York, 1989.

CAPLAN, THERESA y FRANK, *The Early Childhood Years: The 2-to-6-Year-Old*, Bantam Books, Nueva York, 1984.

—, *The Second Twelve Months of Life*, Bantam Books, Nueva York, 1985.

LIEF, NINA R., *The First Year of Life*,** Walker Publishing Co., Inc., Nueva York, 1991.

—, *The Second Year of Life*,** Walker Publishing Co., Inc., Nueva York, 1991.

—, *The Third Year of Life*,** Walker Publishing Co., Inc., Nueva York, 1991.

AUTOESTIMA

BRANDEN, NATHANIEL, *Honoring the Self: The Psichology of Confidence and Respect*, Bantam Books, Nueva York, 1985.

BRIGGS, DOROTHY CORKVILLE, *Your Child's Self-Esteem: The Key to His Life*,** Doubleday Books, Nueva York, 1975.

DISCIPLINA

DREIKURS, RUDOLF, en colaboración con SOLTZ, VICKI, *Children: The Challenge*, NAL Dutton, Nueva York, 1987.

MITCHELL, GRACE, *A Very Practical Guide to Discipline with Young Children*,** Telshare Publishing Inc., 1982. (Disponible en Bank Street College Bookstore, Nueva York.)

NELSON, JANE, *Positive Discipline*, Ballantine Books, Nueva York, 1996.

COMUNICACIÓN

FABER, ADELE, y MAZLISH, ELAINE, *Cómo hablar para que sus hijos le escuchen y cómo escuchar para que sus hijos le hablen*,** Médici, Barcelona, 1997.

GINOTT, HAIM, *Between Parent and Child*, Avon Books, Nueva York, 1976.

ENTRENAMIENTO DE ESFÍNTERES

BORGARDT, MARIANNE, *What Do You Do with a Potty?: An Important Pop-up Book*,* Western Publishing Co., Inc., Santa Mónica, CA.

COLE, JOANNA, *Parent's Book of Toilet Teaching*, Nueva York, Ballantine Books, 1986.

SCHAEFER, CHARLES E., y DIGERONIMO, THERESA F., *Toilet Training Without Tears*, Signet Books, Nueva York, 1989.

DESARROLLO DE LA MORAL

DAMON, WILLIAM, *The Moral Child: Nurturing Children's Natural Moral Growth*, The Free Press, Nueva York, 1992.

MARKOVA, DAWNA, y cols., eds., *Random Acts of Kindness*,* Conari Press, Berkeley, CA, 1993.

PIPER, WATTY, *The Little Engine That Could*,* Putnam Publishing Group, Nueva York, 1984.

SCHULMAN, MICHAEL, y MEKLER, EVA, *Bringing Up a Moral Child: A New Approach for Teaching Your Child to Be Kind, Just and Responsible*,** Addison-Wesley Publishing Co., Inc., Nueva York, 1985.

DESARROLLO DE LA SEXUALIDAD

ANDRY, ANDREW, y SCHEPP, STEVEN, *How Babies Are Made*, Little, Brown & Co., Nueva York, 1984.

KUSKIN, KARLA, *The Philharmonic Gets Dressed*,* HarperCollins Children's Books, Nueva York, 1982.

PEARSE, PATRICIA, *See How You Grow*,* Barron's Educational Series, Inc., Nueva York, 1988.

STEIN, SARA BONNETT, *Making Babies*,* Walker and Co., Nueva York, 1974.

HERMANOS

AMES, LOUISE BATES, y HABER, CAROL C., *He Hit Me First: When Brothers and Sisters Fight*, Warner Books, Nueva York, 1989.

FABER, ADELE, y MAZLISH, ELAINE, *Siblings Without Rivalry: How to Help Your Children Live Together So You Can Live Too*, Avon Books, Nueva York, 1988.

HOBAN, RUSSELL, *A Birthday for Frances*,* HarperCollins Children's Books, Nueva York, 1968.

—, *A Baby Sister for Frances*,* HarperCollins Children's Books, Nueva York, 1964.

LANSKY, VICKI, *Welcoming Your Second Baby*, The Book Peddlers, Deephaven, Minnesota, 1990.

REIT, SEYMOUR V., *Sibling Rivalry*, Ballantine Books, Nueva York, 1988.

ROGERS, FRED, *The New Baby*,* Berkley Books, Nueva York, 1996.

EL NIÑO Y SU MUNDO

Títulos publicados:

Serie «Meditaciones para niños»

**LUZ DE ESTRELLAS
RAYO DE LUNA
RAYO DE SOL
EL JARDÍN INTERIOR**

Maureen Garth

Visualizaciones sencillas para ayudar a los niños a:
- Dormir tranquilos, sin temores ni pesadillas
- Estimular la creatividad
- Desarrollar la concentración
- Aprender a relajarse

*Con un estilo atractivo, cálido y personal,
Maureen Garth ofrece a los padres una manera
de ayudar a sus hijos a relajarse,
a concentrarse, a desarrollar
sus dotes intelectuales
y artísticas y a disfrutar de un tranquilo
descanso nocturno.*